英語教師がおさえておきたい

ことばの
基礎的知識

はじめに

　本書は，教室で外国語として英語を教えている小・中・高・大学の先生，そして教職課程を履修し，近い将来，英語を教えることになる大学生や大学院生の皆さんに，ことばの基礎的知識を提供し，ことばについてのとらえ方や姿勢を考えていただくために執筆したものです。教室で即興的に使用できるハウツーものではありませんが，英語を教える際に知っておくと，学習者に対する心構えや英語を教える際の気持ちのあり方に，きっと役立つ知識を提供することが目的です。

　英語を首尾よく教えるためには，少なくとも以下の３つのことが重要であると思います。１つは教師の英語力。音楽の教師などにも同じことが言えますが，ピアノなどの楽器を上手く弾けない音楽の先生の伴奏に合わせてしっかりと合唱することは難しいでしょう。英語も同様で，英語力のない教師に習うことは生徒にとって不安がいっぱいです。英語力は一朝一夕に身につきませんから，日々の絶え間ない努力が必要です。教師自身の英語力を高めることは，教師であり続ける限り怠ってはいけないことであります。

　次に教え方です。英語力があっても，相手の生徒を理解し，どのような特徴を持つ生徒であるかを把握したうえで，その教え方を工夫していく必要があります。小学生に教える教え方と大学生に教える教え方とは，もちろん変わらぬ部分もあるでしょうが，まったく同じであるとは思えません。教え方により効果は異なるでしょう。中学生と高校生に教える教え方も異なりますし，同じ高校生であっても，習熟度が異なれば異なる教え方を工夫するのがより効果的であると思います。万人に適する唯一の教え方は存在しないと思います。

　最後の１つは，本書執筆の目的と最も関連があります。つまり，教師はことばに関する基礎的で広範囲にわたる知識を身につけるべきだということです。世界のさまざまな言語についての知識があるのがベストですが，それはなかなか難し

いことですから，少なくとも，英語と日本語についての基礎的知識を身につける
のが良いでしょう。英語とはどのような特色を持つ言語であるのか，いつ頃どの
ように成立し，どのような変遷をたどり現在の姿に至ったのか。また，学習者や
教師自身の母語である日本語はどのような特色を持つ言語であり，英語とどのよ
うな点が類似していて，どのような点が相違しているのか。学習する英語と母語
である日本語について，言語学的な基礎知識を持つことは，教える際に必ず役に
立ちます。

　さらに，ことばはどのように習得されていくのかについての知識も，外国語教
師にとっては必要不可欠な知識だと思います。私たちがどのように言語を習得し
ていくのか，これまでにさまざまなことが判明してきましたが，まだまだ推測の
域を出ない事柄もたくさんありますし，意見の分かれる領域も多々あります。し
たがって，本書でも読者の皆さんに問いかけている箇所が少なからずあります。
たとえば，どうして第二言語の場合は個人差が顕著になり，完全には習得できな
い場合が多いのだろうかなどは，まだその理由がはっきりと分かっていません。

　本書での解説を基にして，ぜひ皆さんも一緒に考えてみていただければと思い
ます。巷には「第二言語習得（SLA）理論によれば・・・と分かっている」など
と書かれた書物が散見されますが，そもそも第二言語習得研究からの結論は一枚
岩ではありません。同じ現象に対して，異なる意見や異なる立場がいくつも存在
しています。本書では，筆者（白畑）が最も妥当だと信じる理論や結論・主張に
基づいた見解を述べています。

　本書の構成ですが，3部構成となっています。第1部（「ことばに関する基礎的
知識」）では，私たちが普段無意識に使用している「ことば」について議論した
いと思います。まず，「世界共通語としての英語」を学ぶ意義について考えてみ

ましょう。次に,「世界で現在話されている言語」について概観します。続いて「ことばは常に変化している」ことと,「現代英語の7つの特徴」を解説します。さらに,「英語の歴史」「英語圏のバリエーション」「英語の音声」などの項目についても解説していきます。

第2部(「ことばの習得に関する基礎的知識」)では,ことばを学習・習得するとは一体どういうことであるのか,どういうプロセスをたどるのかについて,母語獲得と第二言語習得の両面から考察していこうと思います。加えて,「外国語学習と脳の働き」についてもその要点を述べます。

第3部(「教室での第二言語習得の基礎的知識」)では,筆者の考える教室での第二言語習得モデルを提示し,習得に影響を与える要因(インプット,UG,母語知識,一般問題解決能力,学習者要因,アウトプットなど)について考察します。さらに,なぜ成人の第二言語学習者では言語を完全に習得するまでに至る人が少ないのかについても考察を加えます。

主として日本語と英語から例を取り,筆者の力の及ぶ限り,英語を教える際に身につけておくべき基本的な知識について,できるだけ平易に解説するよう努めました。本書で語る内容が,みなさんが英語を教える際の参考となり,日本の教室で英語を教えるとは何なのだろうかと深く考えるヒントとなれば幸甚です。

最後になりますが,本書の企画を快くお引き受けくださり,企画段階から出版に至るまで,すべての工程で全面的にお世話になった大修館書店編集第二部の3名の編集者,富永七瀬さん,尾川和日子さん,そして北村和香子さんに心より感謝申し上げます。

2021年盛夏
白畑知彦

目次

第2部　ことばの習得に関する基礎的知識 …… 107

母語の獲得過程 ………………………………………………… 110

英語教師がおさえておきたい

ことばの
基礎的知識

第1部

ことばに関する
基礎的知識

世界共通言語としての英語

　英語が世界の言語の中で最も大勢の人々に通じる言語，つまり「**世界の共通言語** (English as an international language/ EIL)」と認められるようになって，すでにかなりの年月が経ちます。[1]　イギリス，アメリカ，カナダ，オーストラリア，ニュージーランドなどでは，生活する人々の大多数が英語の母語話者で占められています。表 1 をご覧ください。

表 1. 英語を使用する国や地域

(a) 英語を母語とする国・地域	イギリス，アメリカ合衆国，カナダ，オーストラリア，ニュージーランドなど 30 以上
(b) 公用語としての英語を使用する国・地域	インド，フィリピン，シンガポール，ケニア，ガーナ，ナイジェリアなど 50 以上
(c) 外国語としての英語を使用する国・地域	日本，韓国，中国など 100 以上

　後で詳しく述べますが，これらの国，地域で英語を**母語**とする人の数は，世界でおおよそ 4 億人います。[2]　4 億人はたしかに大勢ですが，2020 年現在で，世界の人口は約 77 億人なので，この世界人口から割り出すと，英語母語話者の割合は全体のわずか 5.2% に過ぎません。ということは，4 億という人数だけでは世界の共通言語と呼ばれるほどの割合を占めていないことになります。

---

[1]　現在の英語のように，異なる母語を持つ人たちの間で意思の伝達手段として広く使われる国際共通語的な言語のことを，別名「リンガ・フランカ (lingua franca)」と言います。この語は，「フランク王国のことば」というイタリア語に由来しています。元来はフランク王国（5 世紀末－9 世紀）内の地中海東部沿岸で通商などに用いられたイタリア語・フランス語・スペイン語・アラビア語が混じった混成語のことを指します。それから転じて，共通の母語を持たない集団内において，意思疎通に使われている言語のことを指すようになりました。

[2]　文部科学省の HP より。

　一方，母語としてではありませんが，英語を**公用語**として使用している人の数は，おおよそ 12 億人いると言われています。表 1 の（b）にあたります。「公用語として」というのは，ここでは，「母語の次に日常的によく使用している言語」，という意味です。インド，フィリピン，シンガポールなど，世界の50 以上の国や地域で暮らす人々が英語を公用語として使用しています。この人数は世界の人口の 15.6％ にあたります。実は，英語が**国際語**と言われるのは，（a）と（b）を足した言語話者数の多いことも 1 つの要因となっています。両者を併せれば，16 億人（世界の人口の 20.8％）となり，世界で最も話者数の多い言語となります。世界人口の 5 人に 1 人ということになります。1 つの言語の影響力としては大変に大きいと言えるでしょう。

　さらに，日本，韓国，中国のように，日常ではそれほど常用化していないが，「外国語として」英語を使用している国や地域は非常にたくさんになります。表 1 の（c）にあたります。外国語としての英語使用者数はおそらく，世界で何十億人となるでしょう。また，この 21 世紀において，世界中の学校現場で最も大勢の人が学んでいる言語は英語だと思います。**日本での英語学習は，「外国語としての英語学習（learning English as a foreign language）」**という範疇に分類できます。

　したがって，英語が世界の共通語としての地位を占めるのは，**公用語として英語を使用する人々の数，それに加えて，外国語として英語を学習・使用する人々の数が非常に多いという事実から来ています。**このような事実からも，英語はもはや「アメリカ人やイギリス人といった英語母語話者同士が話すためだけにある言語ではない」ことがよく分かりますし，非英語母語話者にとっても，「英語の母語話者とだけ話すために英語が存在するのではない」ことも分かります。

広がりゆく英語の世界

　私たちは，多くの場合，「英語」と一口に大括りしますが，**世界中で使用さ**

れている**英語にはいろいろなバリエーションがある**ことを再認識しておく必要があります。ご存知の通り，英語はイギリスが発祥の地です。ですが，「**ことばはたえず変化する**」という大原則がありまして，英語も例にもれず，他言語との接触，人々の移動，度重なる戦争や侵略などで，イギリスのイングランドの一地域で話されていただけだった英語は，たどり着いたそれぞれの土地で勢力を伸ばし，そして変化していきました。たとえば，新大陸のアメリカでは，先住民族（Native American）からのみならず，世界のさまざまな地域から移住してきた人々（英語の非母語話者）からの語彙，表現，風習を取り入れたことで，「**アメリカ英語（American English）**」という「**変種（variety）**」が出来上がりました。オーストラリアやニュージーランド，カナダなどでも同様の過程が見られます。

　イギリス英語自体も，誕生して 1500 年以上の時が経ち，その間に自ら変化していきました。かつてはイギリスの植民地だった国や地域でもそれぞれ独特の変化をしていった結果，たとえば「インド英語」や「シンガポール英語」と呼ばれる変種が出来上がりました。もちろん，それぞれの変種を話す人たちの間でこれらの英語を使用してコミュニケーションが成り立つわけですから，根本的なところでは同じ英語という言語であることに変わりはありません。それぞれが英語の方言なわけです

　日本では，1960 年代後半の**学習指導要領**から現在の学習指導要領に至るまで，教室ではアメリカ英語を中心に教えられてきています。[3]　発音だけでなく，綴りや語彙，表現方法などもアメリカ英語に準じたものとなっています。これは第二次世界大戦後，政治，経済，文化の面において，日本はアメリカから強い影響を受けてきたこと，そして，アメリカ自体が巨大な国家に成長してきたことと関係があります。ですが，世界中の教室でアメリカ英語一辺倒で教えられているかというと，そうでもなく，筆者の経験からすると，ヨーロッパの英語教育では，近接する国ということもあり，例えばフランスやドイツなどでは

---

[3]　学習指導要領の改訂はおおよそ 10 年に一度の割合で行われています。

イギリス英語の影響が今もって強いかもしれません。また，イギリスの元植民地だった国や地域でも，イギリス英語の影響力は依然として大きいと思います。

　ここで，日本で英語を教える私たちが気をつけるべきことは，アメリカ英語が一番良い英語で，正統な英語であると生徒に教えてしまうことです。それは間違いだと思います。**言語に正統とか亜流だとか，良いとか悪いとかいう基準はありません。**日本に住む私たちにはなじみのあるアメリカ英語にしても，イギリス人やオーストラリア人からすれば，それは「なまっている」ということになるかもしれません。それぞれの国民や人々が，自分の話す言語に誇りをもって使用していることを教師は教えるべきです。そして，言語に優劣はないことも教えていきたいものです。

　今後は，「日本(語)変種の英語」ということも世界的に認められるようになるかもしれません。**最近では English を複数形にして，World Englishes (世界の英語) ということばをよく耳にするようになりました。**[4]　日本変種の英語というのもこの考え方に沿ったものです。World Englishes 的な考え方を土台とするならば，「発音や文法の使い方が，学習目標としているアメリカ英語とは多少違うけれども，まあ気にしすぎないで，日本人も堂々と英語を使って外国の人々とコミュニケーションを取っていきましょう」という潮流がますます強くなっていくものと思います。実際のところ，英語使用者の中では非母語話者数の方が母語話者数よりもはるかに多くなっているのですから。英語の非母語話者同士，たとえば日本人とメキシコ人が英語で意思伝達を図る機会が今後一層増えてくるということです。

　教室で英語を教える際には，アメリカ人とだけでなく，私たちは世界中の人たちと英語でコミュニケーションをしていくために英語を学習しているのだということを生徒に意識させていく必要があります。**英語母語話者とコミュニケーションをするためだけに英語を学ぶ時代ではなくなりました。**そして，こう

---

[4]　World Englishes とは，世界中で使用されている多種多様な英語を指すことばです。English に -es を付けて複数形にしていることからも分かるように，「さまざまな英語」ということを強調しています。田中・田中 (編) (2012) や柴田・仲・藤原 (2020) なども参照ください。

いった考え方，つまり，少しぐらい正確性に欠けても良いから，いろいろな人たちと積極的にコミュニケーションを取ろうという考え方を，もし推し進めようとするならば，教師は従来の英語のテスト問題の出題方法や採点方法（評価方法）をもっと工夫していく必要があります。つまり，正確性だけを生徒に求める採点方法から，**より柔軟性のある採点方法へと転換していく必要**があるでしょう。[5]

英語を学ぶ意義

　学校で外国語を習うのは良いが，「英語一辺倒で良いのか？」という意見もあります。**「英語帝国主義（English Imperialism）」**という言葉もあります。[6] 筆者も，日本人が英語以外の外国語を学習することはとても良いことだと思います。英語以外の外国語を習うと，英語や日本語がどんな特色をもつ言語であるのか，さらに理解を深めることができるでしょう。筆者は大学生の頃，第二外国語としてドイツ語を勉強しました。その後も，インドネシア語（友人がいたため），中国語（自分の研究と関連して），スペイン語（趣味で），イタリア語（趣味で）などを少々勉強しました。そのような語学の学習はとても楽しいし，ことばについての理解も広がりました。ですから，英語以外の言語を学習することに賛成します。

　とは言え，まずは1つ外国語を学ぶ，ということであれば，やはり英語だと思います。[7] 少なくとも高校生までは英語を主体にやっていくので良いと思

5　本書では，テスティングについてはこれ以上踏み込んだ議論はしませんが，中間・期末テストのみならず，実力テストや入試でも，上記のような観点を加味した採点方法を取る必要があります。積極的に話そう，書こうとする態度の見える学習者には，文法や綴りが少々間違っていても，過度に減点してはいけないことになります。英語教育の目標と実際の行動（テストを生徒に課す）の間に首尾一貫性が必要です。

6　英語帝国主義とは，英語圏の国々による帝国主義的な政策によって，英語を意図的に世界に広めようとする思想のことです。英語一辺倒の外国語政策に反対する人たちが，そうした英語圏の国々の言語政策を称して批判的に用いる言葉でもあります。

7　話が少々大きくなるかもしれませんが，人の歴史を振り返れば，現在の英語の役目を，かつてはラテン語や中国語，スペイン語が果たしていたのだと思います。

います。[8]　大学生，または社会人になってから英語以外の言語を学習しても決して遅くはありません。「英語だけを勉強すると英米人崇拝が生まれる」という主張は，21世紀の今，筆者にはあまりピンときません。アメリカがすべての面で最高の国だったのは，もはや過去の話です。[9]　1950年代，60年代のアメリカはすべての面でキラキラと輝いていたかもしれませんが，物質的な面のみを強調すれば，今やアメリカにあるものは日本にもあります。同様に，英語はもはや英語母語話者だけのものではないのです。繰り返し強調しますが，英語ということばは，世界のいろいろな人とコミュニケーションを取り，諸外国の情報を得，日本の情報を的確に世界に伝え，学習者ひとりひとりの知識や教養を増やすための手段であることを，教師は授業の際に強調すべきです。さらに，母語である日本語はどういう特色を持つことばなのかを考える際の鏡とするべきです。

　現在，JETプログラムによって採用される言語指導助手，ALT（Assistant Language Teacher）の国籍も幅広くなっています。[10]　今や教室でインド国籍やフィリピン国籍のALTに出会うこともそう珍しいことではありません。日本の英語教育ではアメリカ英語が中心ですが，世の中にはアメリカ英語とは少し違う話し方をする英語話者もいることを，高校生，そして大学生の時代に体験しておくことは悪いことではありません。

　特に，大学での英語教育では，**第二言語または外国語として英語を使用する人たちの英語に触れる機会をできるだけ多く持つ**ことも必要になってきます。いろいろな英語の変種に慣れていくことは大事なことです。大学生の使用する英語教材もWorld Englishes的な内容をもっと増やしていくことが大事でし

8　もちろん，英語とともにフランス語やドイツ語なども教えている中学校，高等学校のあることは承知していますし，外国語を2つ教える余裕のある学校においては，そのような教育はことばの教育面からしても，とても意義のあることだと思います。

9　アメリカが嫌いなわけではありません。むしろ大好きです。

10　JETプログラムとは，the Japan Exchange and Teaching Programの略で，外国語指導などを行う外国青年招致事業のことです。1987年度に開始されました。JETプログラムで派遣されてきたALTは，主に高等学校で英語などを教えてきましたが，現在ではJETプログラム以外でのALTの数も増え，市町村区や学校独自で採用するところも多く，彼らは小学校から高等学校まで幅広く活躍しています。

ょう。「話すこと」「書くこと」に関して言えば，小・中学校のうちは，ともかく自分の言いたいこと（主張）をなんとか伝えられるようにすることに重点を置くことです。そして，高校，大学となるにつれて，正確性も意識させながら話す活動・書く活動を行うべきでしょう。このようなところでも，外国語教育政策として，**小・中・高・大の連携・接続**という考え方を取り入れていくことができるかもしれません。

　英語に限らず，**「ことばは生きている」**ということです。そこには歴史があり，刻々と変化していく姿があります。このようなことを念頭に置いて英語を教えていきたいものです。**母語であれ，第二言語であれ，ことばを使用するとは，人間が人間であるということの証**なのですから。

 # 世界の言語

世界の言語の数はどのくらい？

　世界中の人々が，さまざまに異なることばを使って日々の生活をしています。そして，私たちは「ことばが話せる」ということを当たり前だと思って（というよりも，なぜことばが話せるのだろうという疑問さえ抱かずに）毎日の生活を送っています。では，ここで質問です。私たちが暮らすこの地球上には，現在いくつぐらい言語が存在していると思いますか？　ちなみに，国際連合に加盟している「国」の数はおおよそ 200 です。仮に，1 つの国という枠組みの中で，別々の言語を 1 つずつ話しているとすれば，世界の言語の数は 200 ということになります。

　しかし，たとえば，インドネシアにはインドネシア語以外にもジャワ語，スンダ語など，たくさんの言語が各地方で話されています。また，アメリカ合衆国内でもネイティブ・アメリカン（アメリカ先住民）の人たちの母語，例えばスー語，モホーク語，チェロキー語など，母語話者の数はどれも激減してはい

ますが，現在でも多くの言語が話されています。日本でもアイヌ語などが話されています。このような事実からも，世界の言語が 200 以上あることは確実です。

　ある調査によれば，世界では現在，6909 の言語が話されていると言われています。[11]　この数を多いと思われましたか？　意外に少ないと思われましたか？　さて，ここでは世界の言語の数を大雑把に 7000 としてみましょう。そうすると，1 つの国という単位で，平均して 35 もの言語が話されている計算になります。ですから，生まれた時から周囲に 2 つ以上の言語が話されている環境で育つ人たちはかなりいることになります。「二か国語が話せる**バイリンガル（bilingual）**」は，**世界的なレベルでみると，ごく当たり前の現象で**あることが分かります。

母語話者数の多い言語

　世界中で 7000 近くあると言われる言語のうちで，母語話者数の最も多い上位 10 番までの言語にはどのような言語が入っているのでしょうか？　日本語は上位から何番目ぐらいだと思いますか？　表 2 に上位ベスト 10 をあげておきます。[12]　最も多いのは，やはり中国語です。中華人民共和国には 10 億人以上が暮らしていますから，中国語の母語話者数が 9 億人近くいてもおかしくはないですね。[13]

　2 番目に母語話者数の多い言語は英語で，約 4 億人です。前述したように，

---

[11]　Paul Lewis (Ed.) (2009)。ただし，「1 つの独立した言語である」という認定は，時には困難を伴うこともあり，「6909」という数字も疑いの余地のあるものとも言えます。たとえば，「何をもって方言と言語の差とするのか？」とか，「未発見の言語はもうないのか？」などの問題が生じてくるのです。よって，現在，地球上には「おおよそ 6000 から 7000 ぐらいの言語が存在しているという有力な説がある」程度の大雑把さで言語の数をとらえておいた方が無難だと思います。

[12]　文部科学省の HP から引用（2020 年現在）。

[13]　中華人民共和国には少数民族がたくさん住んでいますから，全員が中国語母語話者だというわけではありません。ちなみに，「中国語」といっても，長い歴史のある分，地域によって方言差が激しく，発音がかなり異なるようです。そのため，北の北京に住む人と，南の南京に住む人では口頭での意思疎通が難しいと言われています。

表2.　母語話者数の多い言語ベスト10

順位	言語名	母語話者数
1	中国語	8億8500万人
2	英語	4億人
3	スペイン語	3億3200万人
4	ヒンディー語	2億3600万人
5	アラビア語	2億人
6	ポルトガル語	1億7500万人
7	ロシア語	1億7000万人
8	ベンガル語	1億6800万人
9	日本語	1億2500万人
10	ドイツ語	1億人
合計		27億9100万人

イギリス本国のみならず，アメリカ合衆国，カナダ，オーストラリア，ニュージーランドを始めとして，多くの国や地域に英語の母語話者がいます。第3位はスペイン語で，3億3200万人です。スペイン本国ならびに中南米の多くの国に母語話者がいます。第4位のヒンディー語はインドの公用語で，2億3600万人の母語話者がいます。第5位のアラビア語はアラビア半島や北アフリカなどのアラブ諸国で話されている共通語で，約2億人の母語話者がいます。第6位はポルトガル語で，1億7500万人。ポルトガル本国とブラジルなどで話されています。第7位はロシア語で，1億7000万人。ロシア

本国と周辺の地域に母語話者がいます。第8位は1億6800万人のベンガル語です。あまり馴染みのない言語かもしれませんが，この言語はインドに隣接するバングラディッシュで話されている言語です。バングラディッシュは現在，人口が爆発的に増加していて，近い将来，ベンガル語はさらに上位に食い込んで来るかもしれません。

　そして，**日本語の母語話者は約1億2500万人で，世界で第9番目に母語話者数の多い言語**ということになります。皆さんはこの日本語の順位をどう思われましたか？　日本語って，意外に上位なんだと思われた方も多いのではないでしょうか？　日本列島に住む人々の数とほぼ同じくらいの数の人たちの母語が日本語であるということです。[14]　そして，第10位はドイツ語で，1億人。ドイツ本国の他にも，オーストリア，スイス，リヒテンシュタインなどにも母語話者がいます。以上から分かるように，フランス語やイタリア語，韓国語などは上位10位までには入っていません。

　地球上の約7000の言語の中で，母語話者数が1億人を超える言語はわずか10言語しかないということです。そして，表1の上位10位までの母語話者数を足すと，27億9100万人（約28億人）になります。世界の人口は約77億人ですから，7000ある言語の上位10の言語だけで（言語全体の0.14％にしかならないのですが），世界の人口の3分の1以上（36.4％）の人々の母語を網羅していることになります。さらに，別の調査では，世界の言語の4％で世界人口の96％の母語話者をカバーしてしまうとも言われています。[15]このような数字から見えてくることは，**7000ある言語の大多数が，母語話者数の非常に少ない，ある意味，「絶滅の危機に瀕している少数言語」**だということです。

14　また，日本は国土面積（37万7900km^2）が世界で第61位です。母語話者数，国土面積の面からすれば，日本は決して「小さな国」とは言えないのではないでしょうか。
15　堀田（2011）

母語話者数の少ない言語

　実は，**世界で話されている言語の数は減り続けています。**現在も減り続けています。多くの言語が絶滅の危機に瀕しています。主な理由は，政治，経済，文化の中心を担う人たちの話す言語が力を蓄え，ますます優勢になっていくからです。劣勢な言語を話す人たちの多くが，交通などの不便な地域に住んでいるのですが，その生まれ故郷を離れ，物資が集まり，就職のしやすい都会に移動します。都会ではメジャーな言語が話されています。この繰り返しにより，少数母語話者言語はますます劣勢となっていきます。今，世界で約2500の言語が消滅の危機にあると言われています。たとえば，アメリカ合衆国内で話されている，アメリカ先住民族の言語であるアチュマウィ語，アリカラ語，ナコタ語，カドー語，カウィヤ語，ミーウォク語などは絶滅の可能性が「極めて深刻」な言語です。

　日本列島で話されている言語ですが，**日本語のみが土着の言語なのではありません。**先述したアイヌ語もそうですが，その他にも，沖縄語，宮古語などがあります。[16]　ただし，日本語以外は母語話者数が非常に少ないのは事実です。絶滅危惧の度合いで言えば，アイヌ語は「極めて深刻」，八重山語，与那国語は「重大な危険」，奄美語，八丈語，国頭語，宮古語，沖縄語は「危険」レベルの言語であるとみなされています。

　このような**絶滅危惧言語**に対して，世界中でさまざまな方策，たとえば，母語話者数をできる限り減らさないような金銭面を含む援助，当該言語で話している様子をビデオに撮ったり録音したりしておく，などの方法が取られています。しかし，人の移動を制限することは非常に困難であり，生物の絶滅危惧種の保存が難しいのと同様に，言語数を減らさないようにすることはなかなか厳

16　梶・中島・林（編）（2009）。また，独立した言語なのか，方言なのか，という見解が研究者間でも異なっていて判断が難しい部分もありますが，本文中に記した言語以外にも，喜界語，北奄美語，南奄美語，徳之島語，沖永良部語，与論語，中部沖縄語，日本手話などは日本列島で話されている別の言語であるとする説もあります。

しいようです。

ことばは変化する：言語の親子関係，姉妹関係

　ことばは絶えず変化します。変化し続けます。どの時代のどの言語も例外ではありません。特に，耳から耳へと伝わる「話しことば」は変化しやすいのです。私たちに最も分かりやすい例は日本語でしょうから，まずは日本語を例に説明します。中学校でも若干習いますが，私たちは高等学校で「古文」を習います。『枕草子』や『徒然草』などです。こういった書物を古文の辞書なしに読もうとすると，書かれている意味がまったく分からないというわけではないのですが，やはり，どちらかと言えば「分からない」と感じてしまうのが普通でしょう。(1) を見てください。清少納言の書いた『枕草子』の有名な冒頭部分です。『枕草子』は今から 1000 年ぐらい前の西暦 1000 年（長保二年）あたりの作で，平安時代の日本語（当時では「現代語」）で書かれているわけです。もしその当時から現代にいたるまでに，日本語が変化していないのであれば，『枕草子』は 21 世紀の私たちにも苦もなく読めるはずです。しかし，正確には意味が分からないということは，1000 年前と現代とでは，日本語が変化していることの証なのです。

(1) 　『枕草子』の冒頭
　　　春はあけぼの，やうやうしろくなり行く山ぎはすこしあかりて，むらさきだちたる雲のほそくたなびきたる。夏は夜。月のころはさらなり，
　　　……
　　　（現代語訳：春は夜明け方が趣がある。だんだんと白くなっていく，山に接するあたりの空が少し明るくなって，紫がかっている雲がほそくたなびいているのが趣がある。夏は夜が趣がある。月の明るいころはいうまでもなく，
　　　……）

さらに，（2）は吉田兼好の『徒然草』の冒頭です。この書は，1330年（元徳二年）から翌年にかけての成立だと言われています。したがって，今からだいたい700年前の作品になります。『枕草子』から300年ほど現代に近いのですが，「あやしうこそものぐるほしけれ」という部分などは，まだまだ現代語訳のある方が分かりやすいですね。

（2）　『徒然草』の冒頭
　　　つれづれなるままに，日暮らし硯（すずり）に向かひて，心に移りゆくよしなしごとを，そこはかとなく書きつくれば，あやしうこそものぐるほしけれ
　　　（現代語訳：何もすることがなく，手持ちぶさたであるのにまかせて，一日じゅう硯に向かって，心の中につぎつぎと浮かんでは消えるたわいもないことを，とりとめもなく書きつけると，妙に気が変になるような感じがする）

　言語（話されることば）は目に見えません。しかし，日々変化しているのです。図1を見てください。たとえば，もともとは1つの同じ言語（この言語を「言語L」とします）を話す人たちが暮らす国（この国を「国A」とします）が，昔々あったとします。それが民衆同士の間で，意見の食い違いなどの理由で仲違いし，国Aが2つの別々の国に分離したとします（分離した国を「国B」と「国C」とします）。両国は最初は同じ言語Lを使用していたわけですが，仲違いしているため，長い年月（というのは，200年とか300年），人々や物資の交流がなかったとします。もちろん，この当時は，インターネットはおろか，テレビやラジオもありません。そういう状況になると，両国の住民は言語Lを話していたにもかかわらず，それぞれの国の中で，独特の言い回しや新しく生まれた語彙などが増えていきます。そして，発音の仕方もそれぞれ独特なものになっていきます。

　さらに500年，1000年と経つうちに，国Bと国Cの言語はますます別々の言語の様相を呈してきて，最終的には完全に別の言語，言語M（国B）と言語N（国C）と言ってもよいほどに変化してしまいます。さらに年月が経つと，

国Bで話されている言語M自体も変化していき，言語M′に，さらに年月が経つと言語M″になります。

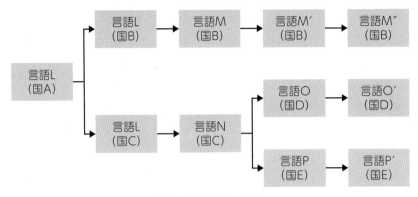

図1．言語の変化の流れ

　一方，国Cが再び別々の国（国Dと国E）に分離したとします。そうすると，再び同じ現象が起きて，言語Nは次第に話されなくなり，新しい言語体系を持つ言語O（国D）と言語P（国E）が出来上がります。そして，さらに年月が経つと，再びこれらの言語自体が変化していき，言語O′と言語P′になっていきます。

　言語は長い年月をかけて人々の口から耳へ，耳から口へと伝わっていくため，次第に元の形をとどめなくなっていきます。このように，言語は何世代もの間に話し手が変わったり，戦争や宗教の違い，民族の違い，自然の境界線（山や川など）が原因で，他地域との交流が少なくなったりすると，どんどんと分化・変化していくのです。[17]　言語変化は通信機能（テレビ，ラジオ，電話，インターネット，新聞，雑誌など）がほとんどなかった時代の方が激しかったこと

---

[17]　しかし，「進化」するわけではありません。つまり，より洗練された非の打ちどころのない言語へと進化するわけではありません。たとえば，平安時代の日本語が現在の日本語よりも「機能的に劣っている」わけではありません。

は言うまでもありません。しかし，21世紀の現代でも，どの言語も少しずつ変化して行っています。

　このような変化の過程からも分かるように，**世界の言語には，人間や動物に例えて比喩的に表現すれば，血縁関係，つまり親子関係，姉妹関係，親戚関係というものが存在する**ことになります。たとえば，ヨーロッパの言語で言えば，スペイン語，ポルトガル語，フランス語，イタリア語などは姉妹にあたります。親は**ラテン語（Latin）**という言語です。ラテン語は長い間古代ローマ帝国の公用語でありましたし，現在のヨーロッパで話されているかなり多くの言語の母親です。それだけではありません。ローマ帝国崩壊後も，キリスト教の聖書がラテン語で書かれていることや，教養ある人々が身につける言語として，そして中世から近世にかけての**ルネサンス（文芸復興）**により，古代ギリシア・ローマ文化が再認識されたこともあり，ラテン語は「神聖なることば」として，長い間ヨーロッパで確固たる地位を築き上げてきた偉大な言語です。「言語の

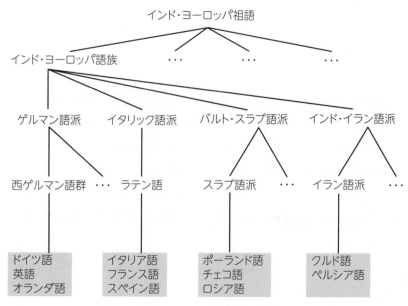

図2．インド・ヨーロッパ語族の系統樹（一部）

中の言語」という感じです。

　強大なローマ帝国でしたが，その後，内紛や外敵の侵入によって東西に分裂し，さらにいろいろな国に分かれ，上述したように，それぞれの地域の話者の中で独自に変化していきました。これらの地域で話される言語はラテン語が元になっているわけですから，もちろん互いに似ているところは依然として残ってはいるものの，長い年月が経つと別々の言語の様相を呈していき，最終的にはイタリア語，スペイン語，ポルトガル語，フランス語などが誕生していったのです。ちなみに，**ラテン語から分化したこれらの言語家族を，「インド・ヨーロッパ語族（Indo-European languages）」の中の１つである「イタリック語派（Italic）」と呼びます。**図２をご覧ください。[18]

　世界にある語族はインド・ヨーロッパ語族だけではありません。世界の言語の多くが，こういった血縁関係によってグループ（語族）に分けることができるのです。**現在，世界中には，100 を超える語族がある**と言われています。次ページの表３に，その中の主なものをあげておきました。[19]　カッコ内の数字はその語族に含まれる言語数です。

　表３からも分かるように，最も言語数が多いのは，「オーストロネシア語族」で，1200 余りの言語がここに属しています。この語族は，別名，「マラヨ・ポリネシア語族」とも呼ばれていますが，太平洋にある国や地域，例えば，ハワイ諸島，台湾，フィリピン諸島，ミクロネシア，ポリネシア，インドネシア，マレーシアなどの各地域で話されている言語からなる集合体です。

　英語はインド・ヨーロッパ語族に属しています。多くのヨーロッパ言語がこの語族に属しています。さらに，インド・ヨーロッパ語族は，ゲルマン語派，イタリック語派，バルト・スラブ語派，インド・イラン語派などに分かれます。そして，**英語はドイツ語やオランダ語とともにゲルマン語派の中の西ゲルマン語群に属します。**このように，英語はオランダ語やドイツ語ととても近い関係

18　瀬田・保阪・外池・中島（編著）（2010：13）を基に修正を加えました。
19　瀬田・保阪・外池・中島（編著）（2010）に基づいています。

表 3. 世界の語族の例

語族（言語数）	属する主な言語
アフロ・アジア語族（353）	アラビア語，ソマリア語，ハウサ語，ヘブライ語など
アルタイ語族（64）	トルコ語，モンゴル語，ツングース語など
インド・ヨーロッパ語族（426）	英語，フランス語，ポルトガル語，ギリシア語，ロシア語，ブルガリア語，ペルシャ語，ヒンディー語など
ウラル語族（35）	ハンガリー語，フィンランド語など
オーストロ・アジア語族（169）	クメール語（＝カンボジア語），ヴェトナム語など
オーストロネシア語族（1231）	ハワイ語，ジャワ語，サモア語など
シナ・チベット語族（445）	中国語，ビルマ語，チベット語など

にあることが分かります。[20]

　一方で，時代をさらに過去にさかのぼって見ると，インド・ヨーロッパ語族の母親ともいうべき言語があります。その母親である言語は**「インド・ヨーロッパ祖語（印欧祖語），Proto-Indo-European」**と呼ばれています。この言語は，今から 6000 年ほど前の紀元前 4000 年頃に，現在の南ロシアのステップ地帯で話されていたと推測されています。[21]　ただし，今から 6000 年前の話ですから，その当時の言語を記録した資料は現存しません。よって，インド・ヨーロッパ祖語がどのような言語であったのかはっきりしない部分もあり

---

[20]　「言語同士が近い関係にある」ということが，オランダ人やドイツ人に英語の上手な人が多かったり，国別のTOEFL の平均点数が高かったりする大きな要因の 1 つであると思います。

[21]　ステップ地帯とは，ウクライナからカザフスタンにかけての広大な温帯草原地方のことです。

ますが，存在していたことは確かですし，このような言語であったに違いないという復元も試みられています。[22]

　ではなぜこのような言語の存在や復元が可能かというと，それは，現在の言語を分析し，言語同士の特徴を比較対照することによって，過去の言語の特徴が分かるからです。現在ある，いろいろな言語の特徴を比較すると，昔々，きっとこのような言語が存在していたに違いない，ということが分かるのです。現在話されている言語の特徴を基にして，**現在は誰も話し手がおらず，文献も存在していない言語の姿を明らかにする言語学の分野を「比較言語学（comparative linguistics）」と言います**。そして，比較言語学のこのような研究手法のことを**「再建（reconstruction）」**と呼びます。[23]

　インド・ヨーロッパ祖語と言われる言語の話者たちが，何千年もの間に四方八方に広がり，それぞれの人々が少しずつ異なる話し方をする傾向が蓄積し，その地域で言語が特異の進化をし，さらに人と言語が分裂を繰り返して，現在の英語，ドイツ語，ノルウェー語，デンマーク語，ウェールズ語，フランス語，ギリシア語，チェコ語，ロシア語，ヒンディー語，ペルシア語などのユーラシア大陸の広い範囲で話されている別々の言語に形を変えていったわけです。壮大な話です。英語の含まれるインド・ヨーロッパ語族はそのうちの１つで，現在 29 億の人々（世界人口の 37.7％）によって話されている言語の大家族です。

　では，日本語はどの語族に属するのでしょうか？　結論から先に書きますと，依然として分からないようです。今後も分からないのかもしれません。日本語と他の言語との系統性については，これまでにいろいろな説が登場しましたが，どれもその信憑性に欠けるものでした。たとえば，朝鮮語，ビルマ語，タミル

---

[22] コムリー・マシューズ・ポリンスキー（編）（2005）。また，最近ではインターネットのユーチューブなどでも印欧祖語について動画で紹介されています。

[23] 言語同士を比較して研究する学問である比較言語学は，19 世紀以降広く行われるようになり，どの言語とどの言語が姉妹関係か親子関係か親戚関係かなど，言語間の系統的な結びつきを明らかにするのに大きく貢献しました。

語，アルタイ諸語，オーストロネシア語族などとの関係性が検討されてきました。しかしながら，現在では，特定の言語と同じ系統であるというのではなく，その成立過程はもっと複雑であったと考えるのが一般的であるようです。[24]

　日本語における北方系言語の要素には，「語頭に /r/ や /l/ が来ない」「人称・性・数・格の変化がない」「前置詞ではなく後置詞（格助詞）を用いる」「修飾語が被修飾語の前に来る」などがあります。一方で，日本語での南方系言語の要素として，「音節が母音（ぼいん）で終わる開音節である」「子音（しいん）が 2 つ以上連続しない」「南方系言語と身体語彙に共通性がみられる」などがあります。以上のことから推測できることは，南方系のオーストロネシア語族の言語を基に，これに北方系のアルタイ諸語の言語の要素がミックスされた結果，多様な特性を併せ持つ独自の言語が成立したということです。そして，弥生文化には北方系の影響が強いことから，現在の日本語の原型が出来上がったのは弥生時代（紀元前 400 年ごろから紀元 300 年ごろまで）のことだという推測も立てられます。ちなみに，日本語だけではなく，系統の不明な言語は世界にはいくつもあって，たとえばアイヌ語や，スペインのバスク地方で話されているバスク語などもそれに当てはまります。[25]

世界の言語の語順

　ここで，世界の言語の語順（word order）について見ていくことにしましょう。なぜ語順について考察するのか？　それは**語順は言語の背骨のようなものだからです**（つまり，根幹をなすところです）。どのような語順を持つ言語が最も多いのでしょうか？　最も少ない語順はどのような語順なのでしょうか？　そして，それはどのような理由によるものなのでしょうか，考察していくことにしましょう。

---

[24] 沖森（2010）
[25] バスク地方というのは，スペインとフランスの国境にあるピレネー山脈周辺の地域のことです。

　（3）で示すように，英語の他動詞構造の語順は「主語（subject）＋動詞（verb）＋目的語（object）（SVO）」です。一方，日本語は「主語＋目的語＋動詞（SOV）です。[26] この 2 つを比較対照すると似ているところもあり，そのうちの 1 つは英語も日本語も，文の最初に「主語」が来ているということです。

(3)　a. Taro ate sushi.　　　　主語＋動詞＋目的語（SVO）
　　　b. 太郎が寿司を食べた。　　主語＋目的語＋動詞（SOV）

このS，V，O を基にした語順の組み合わせは，理論的には（4）で示すように 6 通りが考えられます。ここでは英語を例に出して語順を示してあります。さて，世界の言語の中で，このうちのどの語順が最も多く，どの語順が最も少ないのでしょうか？

(4)　理論上考えられる他動詞の語順
　　　a. Taro ate sushi.　（SVO）　英語型
　　　b. Taro sushi ate.　（SOV）　日本語型
　　　c. Ate Taro sushi.　（VSO）
　　　d. Ate sushi Taro.　（VOS）
　　　e. Sushi Taro ate.　（OSV）
　　　f. Sushi ate Taro.　（OVS）

　まずは，理論的に考察してみましょう。他者と話をするからには，自分の話

---

[26] 日本語には格を表記する助詞（格助詞）があって，それを音声的に表します（ただし，「が」と「を」は音声的に省略する場合もあります）から，実はいろいろな語順が可能です。特に話しことばでの場合は，「すしを太郎が食べた」のみならず，「太郎が食べたよ，すしを」なども可能です。ただ，日本語において，「一番普通の語順」は何かと言えば，それは「太郎がすしを食べた」だということです。よって，これを日本語の基本的な語順ということに定めています。他の言語の場合も同様です。

す意図を正しく理解してもらわないといけません。そのためには，聞き手に分かりやすい語順で話をした方が良いことになります。分かりやすく伝えるためには，聞き手にとって「誰が何をしたのか」の「誰が」にあたる部分を最初に聞く方が意味を予想しやすく，文意が分かりやすくなりませんか？　この「誰が」にあたるものが，動詞の動作を実行する**「動作主（Agent）」**で，それは一般に「主語」と呼ばれます。ですから，**主語を目的語よりも先に発話した方が，聞き手は文の意味が理解しやすくなります。**[27]　例文（3）では ate するのは Taro で，この動詞の動作主（主語）が誰かを最初に発してくれる方が，聞き手は筋道を立てて意味を理解しやすいのだと思います。逆に，目的語（被動作主）を主語（動作主）よりも先に聞くと，文の意味理解がしにくくなりませんか？　ですから，「主語─目的語」の語順の方が「自然」なのだと言えます。

　次に，「Taro ate sushi. の文を2つに区切ってください」と言われたならば，みなさんはどこで区切りますか？　たいていは，本能的に Taro / ate sushi と区切ろうとするのではないでしょうか？　[ate sushi] は，**動詞句（verb phrase）**と呼ばれる1つのかたまりですね。他動詞の場合，動詞と目的語の結びつきは強いのです。したがって，「動詞＋目的語」または「目的語＋動詞」のどちらかの語順になるかもしれませんが，動詞と目的語が隣同士にある方が「自然」なのです。動詞句が主語によって分断される構造（例：Sushi Taro ate.）は意味が分かりにくくなります。次の（5）も参照ください。

---

[27]　池内（2010：134）によれば，「動作主を最初に持ってくる」という語順の原理（word order principle）は，「おそらくもっとも基本的で由緒正しく，それが発現したのもきわめて古い時代であったであろうという推測がされる」とのことです。つまり，「動作主先頭（agent first）」という語順の原理は原始的なもので，非常に古い時期の言語の名残りである可能性が高い，ということになります。この原理は人間言語の本質なのかもしれません。

(5)　他動詞の最も一般的な構造

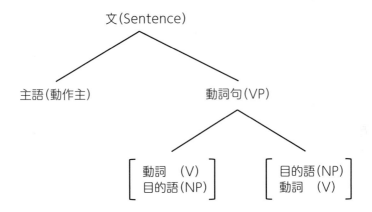

以上の2点を簡潔にまとめると，(6) のようになります。

(6)　a. 動詞の動作主（主語）が被動作主（目的語）よりも先に発話される方
　　　　が自然である。
　　 b. 動詞句を構成する動詞と目的語は，隣接する方が自然である。

この2つの条件に合致する語順は，(4a) の SVO（英語型）と (4b) の SOV
（日本語型）の2つになります。そして，両方に合致しないのは (4e) の
OSV です。よって，**理論的には，SVO と SOV の2つが最も自然な（つまり，
聞き手が文の意味を理解しやすい）語順**だということになります。

　次に，実際に言語の数を勘定した結果を示したいと思います。その結果は，
世界の言語の中で最も数の多い語順は SOV（日本語型）のようです。言語全
体の48% がこの語順に属していると言われています。[28]　次ページの表4を
ご覧ください。次に多いのが英語型の語順で32%，3番目はヘブライ語など
の VSO の語順で16%，4番目はタガログ語などの VOS で4% だというこ

とです。そして，**OSV と OVS の語順の言語は，ほとんど存在しないのではないかとさえ言われています。**[29]　おそらく，存在していても非常にまれなケースだと思います。このような実証的な見地からも，(6) に記載したことは人間言語の本質的な性格を表しているのだと思います。

　ここで，意外に思われた方もいらっしゃるかもしれませんが，英語型よりも日本語型の語順の言語の方が，世界の言語の中でははるかに多いのです。**日本語は語順に関して，とても標準的な言語**であると言えます。

表 4. 世界の言語の語順

SOV	48%	日本語，韓国語，トルコ語など
SVO	32%	英語，フランス語，スペイン語など
VSO	16%	ヘブライ語，アイルランド語，タヒチ語など
VOS	4%	タガログ語など
OVS	ほぼ存在しない	
OSV	ほぼ存在しない	

英語と日本語の比較対照

　ここで，日本語と英語の相違をもう少しはっきりさせるために，2 つの言語を言語学的に対照してみましょう。

---

[29]　非常にまれな言語なのでしょうが，コムリー・マシューズ・ポリンスキー（編）(2005) には OVS の言語として，ヒシュカリヤナ語（ブラジルのカリブ語）が，OSV の言語として，カバルド語（北コーカサス地方の言語）という言語が記載されています。

● 語順の対照

　上で考察してきたように，英語の他動詞構造の語順は SVO です。一方，日本語は SOV です。そして，この VO または OV の部分は，動詞句と呼ばれます。もう一度例文を書いておきます。

(7)　　a. Taro bought a book.　　主語＋動詞＋目的語（SVO）
　　　　b. 太郎が本を買った。　　　主語＋目的語＋動詞（SOV）

(8)　日本語と英語の文構造

　動詞句の中心は動詞です。同様に，前置詞句の中心は前置詞で，名詞句の中心は名詞です。この中心となる要素を **「主要部 (head)」** と呼ぶことにしましょう。そうすると，英語の場合，動詞句の主要部である動詞は，動詞句内で前側にあります。日本語では後ろ側にあります。(9a) を見てください。両者では正反対の位置にありますね。名詞句ではどうでしょうか？　(9b) からも分かるように，やはり動詞句の場合と同様ですね。さらに，(9c) の前置詞句の場合のみならず，(9d)，(9e)，(9f) の that 節や修飾，関係節の構造でも同じで，**英語では主要部が前に来て，日本語では後ろに来ます。**

(9)　日英語の主要部の位置比較
　　　a. <u>ate</u> sushi　　　　　　　　　　　　寿司を<u>食べた</u>
　　　b. <u>the summer</u> of 1945　　　　　　1945 年の夏

c. <u>from</u> Okinawa	沖縄<u>から</u>
d. (Ken said) <u>that</u> Taro ate sushi.	太郎が寿司を食べた<u>と</u>（健は言った）
e. <u>the girl</u> sitting on the chair	椅子に座っている<u>女の子</u>
f. <u>the boy</u> who can ride on a unicycle	一輪車に乗れる<u>男の子</u>

日本語と英語では，どのような構造でも，主要部が句や節の中で正反対の位置関係，つまり**鏡像関係**，になっていることは，とても面白い事実です。

● その他の特徴の比較

　日本語を母語として英語を学習する私たちは，英語だけの特徴を知るのではなく，日本語の特徴も把握しておくと学習にプラスになると思います。教師として英語を教える際にはなおさらでしょう。ここでは，日英語の主要な相違について，まとめて紹介することにします。[30]　（10）にその相違項目を載せました。以下に，1つずつ解説していきます。

（10）　a. 主語と動詞の一致現象の有無
　　　　b. 格助詞の有無
　　　　c. 多重主語構文の有無
　　　　d. 主語や目的語の省略の有無
　　　　e. 自由な語順の有無
　　　　f. Wh 語の移動の有無

　（10a）「主語と動詞の一致現象の有無」ですが，日本語は主語の人称・数に応じて動詞の形が変化しませんが，英語は（現代英語では三人称単数現在の時だけの語尾変化となりましたが）変化します。

---

[30]　杉崎（2015）を参考にしました。

(11)　a. 僕は毎日ピアノを弾く。／ジョンは毎日ピアノを弾く。

　　　b. I <u>play</u> the piano every day. / John <u>plays</u> the piano every day.

　（10b）「格助詞の有無」ですが，上述したように，日本語は格助詞というものがあり，文法的な格関係を表し，それぞれの名詞句がどの格を担っているか分かりますが，英語は代名詞の場合（例：I - my - me）を除いて，格を表面的に音では表しません。

(12)　a. ジョン<u>が</u>ナンシー<u>に</u>時計<u>を</u>あげた。[31]

　　　b. John gave Nancy a watch.

　（10c）「多重主語構文の有無」ですが，多重主語構文とは，主格の格助詞を複数伴い，一見すると主語と思われる要素が 1 つの文の中に複数回出てくる構文のことを言います。（13c）で見るように，日本語では多重主語構文が許されます。一方で，英語ではこのような構文は許容されません。

(13)　a. 日本が女性が平均寿命が長い。[32]

　　　b. *Japan, women, the average life span is long. [33]

　（10d）「主語や目的語の省略の有無」ですが，日本語では文脈から推測できる限りにおいて，主語や目的語を省略することができます。英語では命令形などの一部の例外を除いて，主語と目的語を表出しなければなりません。

---

[31] 「が」は主格，「を」は対格，「に」は与格と言います。

[32] ただし，筆者の授業を履修している学生などに尋ねると，「日本の女性が平均寿命が長い」または，「日本の女性の平均寿命が長い」は良いと思うが，「が」が 3 つ連続する（13a）の文は許容したくないと感じる日本語母語話者もいます。また，大修館書店の編集部からは，「日本が女性が平均寿命が長い国として知られている」になると，「が」の連続もさほど違和感がなくなりますというコメントをいただきました。

[33] 「*（アステリスク）」は，その文が文法的に不適切であるときに用いています。

(14) a. ケンは朝ご飯を食べましたか？　はい，_____　_____食べました。

b. Did Ken eat breakfast?　Yes, he ate it./ *Yes, ___ate ___.

（10e）「自由な語順の有無」ですが，日本語は格助詞があるため，主語や目的語などの語順を入れ替えることが可能であるなど，比較的自由な語順を持ちますが，英語では語順が厳格化しています。[34]

(15) a. ジョンが机の上に本を置いた。/本を机の上にジョンが置いた。

b. John put a book on the desk. *A book on the desk John put.

（10f）「Wh 語の移動の有無」ですが，日本語では wh 語を文頭に移動させる必要はなく，元の位置に置いたままで wh 疑問文を作ることができます。[35]一方，英語では wh 語は必ず文頭に移動しなければなりません。

(16) a. ケンは<u>何を</u>食べましたか？

b. <u>What</u> did Ken eat?

以上，簡潔にではありますが，日本語と英語の言語学的な相違について考察しました。これらの考察から，両者の言語学的特徴は，次のように整理することができるでしょう。

(17) 日本語の特徴

a. 目的語が動詞の前に置かれ，後置詞型である

---

[34] 日本語では「比較的（自由）」と書いたのは，自由であっても，基本的には動詞が文の最後に来ることが一般的であるからです。ただし，会話などでは「太郎がおもいっきり叩いたんだよ，花子を」という文（右方転移文）も使用されます。

[35] 義務的ではありませんが，日本語でも wh 語を文頭に置くことはできます（例：何を太郎は食べたの？）。しかし，これは「かき混ぜ操作（scrambling）」という別の操作が働いているためであり，英語のような義務的な移動とは別のものだと一般には考えられています。

b. 主語と動詞の義務的な一致がない

c. 格助詞や多重主語構文がある

d. 主語や目的語の省略や自由な語順を許容する

e. 義務的な wh 移動がない

(18) 英語の特徴

a. 目的語が動詞の後ろに置かれ，前置詞型である

b. 主語と動詞の義務的な一致がある

c. 格助詞や多重主語構文を持たない

d. 主語や目的語の省略や自由な語順を許容しない

e. 義務的な wh 移動がある

　このような日・英語の言語学的な特徴を，さまざまな工夫を通して皆さんの生徒に気づかせてみてはいかがでしょうか？　日本語と英語の相違や類似について考えてもらうことは，ことばというものを理解するうえで効果的な方法だと思います。ことばを客観的に理解することがきっかけで，ことばの学習に興味を抱く生徒も少なからずいると思いますし，英語学習そのものにもプラスに働くと思います。とにかく，ことばは人間の宝物ですから。

 # 現代英語の特徴

7つの特徴

　ここからは，現在，使用されている英語の特徴について，より深く見ていくことにします。他の諸言語と比較すると，英語には次のような特徴があると言われています。さらに，後述する「英語の歴史」の欄（→ p. 45）でも関連事項を解説することになります。

（19）他言語と比較した場合の現代英語の主たる特徴

    a. 借用語（外来語）が多い

    b. 屈折する語尾（語尾変化）が少なく，語順が重要な役割を果たす

    c. 文法上の性がない

    d. 句動詞などの慣用表現が多い

    e. 類義語が多い

    f. スペリングと実際の発音に大きなずれがある

    g. 世界共通言語としての役割を担っている

以下ではそれぞれの特徴について見ていくことにします。

借用語（外来語）が多い

　英語は，その成立から現在まで，1500 年ほどの歴史があるのですが，その間に他言語から語彙をたくさん借用してきました。近隣のドイツ語やフランス語などに比べても，その数はとても多いようです。**日本語にも借用語（外来語）がたくさんありますが**，意外に思われたかもしれませんが，**英語にも借用語がたくさんある**のです。英語では借用語のように見えないのは，借りてきた言語の語彙も英語の語彙も，ともにアルファベットを使って表記されているからでしょう。

　一方で，日本語では，明治以降の借用語は，ひらがなや漢字表記ではなく，基本的にカタカナで表記しますね。ですから，外来語だと認識しやすいのだと思います。しかし，日本語においても，明治よりももっと前の時代に日本語に入ってきた借用語は，漢字で表記するものが多いため，それらの中には外来語だとは思われないものもたくさんあります。たとえば，ウメ（梅）（[mme] ⇒ [ume]）や，ウマ（馬）（[mma] ⇒ [uma]）などは，元々は中国語からの借用語で，かなり古い時代に中国文化圏から日本にもたらされ，耳でとらえた音が日常的に使用されているうちに和語（日本語）に組み入れられたようです。[36]

これらの語が外来語だと思っている人はほとんどいないのではないでしょうか。

　言語には，他の言語から全く影響を受けていないという意味での「純粋な言語」というものはありません。どの言語も多かれ少なかれ，他の言語からの影響を受けているのですが，英語は語彙の面でその影響が非常に大きかったということです。[37]　借用元の言語数は 75，借用語の総数は約 17 万語だと言われています。次ページの（21）には，**古ノルド語**，フランス語，ラテン語，ギリシア語からの代表的な借用語を載せておきます。[38]

　ただし，元々の語とは若干，語形は変化しているのが普通です。たとえば，古フランス語では「結婚」や「ホテル」という語を marriage や hotel という語形で表していたわけではありません（mariage, hostel でした）。「古英語期」の項で詳述しますが，イギリス（ブリテン島）は，民族だけではなく，言語的にも混種の集まりだということがよく分かります。また，**英語という言語は，他言語から語彙を借用しやすい性質を持っている言語**なのだということも分かります。日本語だけがたくさんの外来語（借用語）を使用しているわけではないのです。

(20)　英語の借用語

　　　a. 借用元の言語数：75 言語（例：ケルト語，ラテン語，古ノルド語，フランス語，ギリシア語など）

　　　b. 借用語の総数：約 17 万語

---

[36]　小松（2013）

[37]　Hughes（2000）

[38]　古ノルド語（Old Norse）は，インド・ヨーロッパ語族ゲルマン語派北ゲルマン語群に属する言語です。8 世紀から 14 世紀にかけて，スカンジナビア人やスカンジナビア出身の入植者たちによって用いられていた言語です。8 世紀から 10 世紀にかけて，ヴァイキング（古ノルド語話者）がブリテン島を侵略し定住したことによって，古ノルド語は古英語期の英語に強く影響を与えました。(21) にもいくつか例を載せていますが，たとえば，語頭に sk- をもつ語（例：sky, skin, skirt）や，語頭に /gi-/, /ge-/ と発音する gi-, ge- をもつ語（例：gift, get）は，ほとんどが古ノルド語に由来する語です。また，三人称複数代名詞の they も古ノルド語由来の語です。

(21) 他言語からの代表的な借用語例 [39]

　　　a. 古ノルド語（ヴァイキングの言語）からの借用語：

　　　　bank, birth, call, egg, get, seem, sky, take, they, want など

　　　b. フランス語からの借用語：

　　　　commence, hotel, marriage, messenger, robe, servant など

　　　c. ギリシア語からの借用語：

　　　　bio-, drama, eco-, -logy, museum, photograph, topic など

　　　d. ラテン語からの借用語：

　　　　age, ascend, epoch, firm, intellect, interrogate, secure, terror
　　　　など

日本語の外来語と和製英語

　ここで一旦，日本語の話をします。英語同様，日本語にも多くの外来語が借入されています。日本語の場合，借入語であるかどうか見分けやすいのは，明治以降の借入語の大部分がカタカナで表記されていることです。借入語は，より一般的には**「外来語」**と呼ばれています。外来語の多くが英語由来ですから，これらの外来語を利用した英語学習の導入も考えられるところですし，すでに実践されている先生方も大勢いらっしゃると思います。特に，小学校や中学校での英語教育では，語彙の学習として日本語に借入された外来語を利用し，語彙数を増やしたり，日英語の発音の相違を意識させたりすることができると思います。

　外来語はカタカナで表記するのが一般的ですが，もう1つ，外来語のようであるが，実は日本人が作成し，カタカナで表記することばがあります。そういったことばは**「和製外国語」**とか，英語のような表現が多いので，**「和製英語」**と呼ばれています。たとえば，「鈴木さんは警察を退職してからガードマ

---

[39]　英語への借用語については，安藤（2002），堀田（2016），渡部（1983）などを参照してください。

ンになった」とか，「この車のハンドルは重たい」などの「ガードマン」や「ハンドル」は英語っぽいのですが，日本人が作り出した和製英語です。日本語の「ガードマン」は英語では a security guard，そして「ハンドル」は a steering wheel と言います。

和製英語は，あくまで日本語の語彙であって，英語ではありません。このことをしっかりと念頭に置く必要があります。よって，和製英語の存在を考慮に入れると，カタカナ語を何でもかんでも英語教育に利用することは「諸刃の剣」的な面があります。何が本来の英語の言い方で，何が和製英語なのかを，教師は知っておく必要があります。カタカナ語を目にしたら，英語でもそのように言うのか，または日本人作成の和製英語であるのか，常に確認する姿勢が必要でしょう。

和製英語は巷に溢れています。これからもどんどんと増えること間違いなしです。第 1 部の最後に和製英語の一部を載せておきます。参考にしてください。数が多いように思われるかもしれませんが，これらはほんの一部です（→ p. 102）。

屈折（語尾変化）が少なく，語順が重要な役割を果たしている

「英語の歴史」の欄で詳しく述べますが，今から 1000 年～1500 年ほど前，英語が「古英語期」と呼ばれている時代には，名詞，冠詞，形容詞，動詞などが，性，数，格，時制に応じて，その形をすべて変化させていました。たとえば，hus (=house) という名詞は，hus（家が），huses（家の），huse（家に），hus（家を）といった具合にです。このように**語尾が変化することを「屈折（inflection）」と言います。**ところが，現代の英語では，この屈折がほぼなくなってしまいました。

とは言え，若干残ってはいます。どこに残っているかと言えば，(22) で示すように，名詞の複数形（例：house/ houses），名詞の所有格（例：Ken's house），人称代名詞の格変化（例：I / my / me / mine），動詞の三単現（三人

称単数現在形）の -s（例：looks，watches）や過去形（例：looked，went）などにです。ですから，**このような語尾の変化は，昔々の英語の名残りなのです。**元来は，格の変化によって，さまざまな品詞が形を変えていたのです。

（22）現代英語で屈折する箇所

      a. 名詞の複数形：pen—pens，church—churches

      b. 所有格の 's：Mary's dictionary

      c. 人称代名詞：he—his—him—his

      d. 過去，過去分詞：give—gave—given，make—made—made

動詞を例に出せば，1000 年前の古英語時代には，三単現だけが変化したわけではないのです。一単現（一人称単数現在形）も二単現（二人称単数現在形）の場合も，動詞の語尾が変化したのです。したがって，現代の英語の規則についてより正確に言えば，「三単現の時には -s を付ける」のではなく，「三単現の時だけ，昔の格変化が残ってしまっている」ということです。

　古英語時代には，各品詞に豊かな屈折があるおかげで，意味を伝えるのに語順に頼る必要がありませんでした。古英語でいろいろな語順が許されたのは，語尾変化が豊かであったおかげで，「誰が誰に何をしたのか」が語尾の活用形で分かったからです。一方で，文の意味を理解するのに，現代の英語は語順に頼っています。John hit Mary. と Mary hit John. では意味が反対になります。しかし，古英語期の英語は同じ語順でも，屈折のおかげでそれぞれ別の意味を伝えることができたということです。さまざまな要因（後述します）により，英語は語順が重要なカギを握る言語に変化してきました。屈折のとても少なくなった英語を学習する現代のわれわれから見ると，古英語時代の屈折の仕方はとても複雑に思われます。

文法上の性がない

「文法上の性がある」というのは，名詞に「性別」があるということです。つまり，男性名詞，女性名詞，中性名詞といった文法上の性が名詞にあるということです。このような性は，現代のドイツ語，フランス語，イタリア語，スペイン語といった多くの言語にあります。英語にも昔はありました。しかし，今はなくなりました。

　現代のイタリア語を例に出せば，男性名詞と女性名詞の2種類があります。中性名詞はありません。(23)をご覧ください。「基本的に」男性名詞には -o を，女性名詞には -a を付けます。[40]　しかし，(23)の例からも分かるように，男性的な感じのする名詞が男性名詞，女性的な感じのする名詞が女性名詞になるわけではないということです。Libro（「本」）が男性的で，penna（「ペン」）が女性的だとは誰も思わないでしょう。実際の性とは全く無関係に，男性名詞か女性名詞かが決まっています。そして，**このような文法上の性は現代の英語にはありません。日本語にもありません。**

(23) 文法上の性：イタリア語の場合

　　　男性名詞 ⇒ -o：libro（本），palazzo（建物），cappello（帽子）

　　　女性名詞 ⇒ -a：penna（ペン），rivista（雑誌），cravatta（ネクタイ）

句動詞などの慣用表現が多い

　どの言語にも**句動詞 (phrasal verb)**，他の言い方では，熟語とか成句，慣用表現などとも言いますが，多かれ少なかれあります。しかし，英語にはこの句動詞（英語の例では，take off〔離陸する〕，give up〔あきらめる〕，make out

---

[40] 「基本的に」と書いたのは，イタリア語では男性名詞も女性名詞も，ともに -e で終わるものもあるからです。例：ponte（橋，男性名詞），fiore（花，男性名詞），arte（芸術，女性名詞），stazione（駅，女性名詞）。

〔理解する〕，put up with〔我慢する〕など）が他の言語に比べて非常に多くあると言われています。句動詞では，たいていが基本的な動詞を使用しているので，その点は良いのですが，なぜmake outが「理解する」，put up withが「我慢する」になるのかなど，その意味を覚えるのに苦労します。ならば，understandやendureと1語で表してくれる方がずっと覚えやすいのに，なぜ句動詞なるものがあるのだろうと悩ましく思われた方も多くいると思います。[41]　現代英語の特徴の1つと言える，慣用表現の増加に寄与したのは，前述したヴァイキングの使用していた古ノルド語との接触の影響が大きかったようです。この説明は後述します。

類義語が多い

　似たような意味を表す**類義語（synonym）**がない言語は，おそらくないのではないでしょうか。しかし，他の言語と比べて，**英語には類義語の数がとても多いと言われています。**これは，やはり，英語が1500年間で，たくさんの言語と（侵入されたり，侵入したりして）接触してきた結果なのです。英語という言語は，別の言語から似たような語彙（ではあるけれど，若干ニュアンスの異なる意味を持つ語彙）を，次から次へと英語の中に取り入れてきました。(24)に類義語の例をあげておきます。

　「古英」は古英語，「中英」は中英語，「近英」は近代英語，「ラ」はラテン語，「古ノ」は古ノルド語，「イタ」はイタリア語由来の語です。

(24)　類義語の例

　　　・名詞の例：「証拠」に関係する語：attestation（ラ），demonstration（ラ），evidence（ラ），exhibit（ラ），indication（ラ），proof（ラ），sign（ラ），testimony（ラ），token（古英），verification

---

[41]　句動詞の学習については，中川・土屋（2011）を参照ください。

（ラ），witness（古英）など

・動詞の例：「思う」に関係する語：believe（古英），conceive（ラ），consider（ラ），figure（ラ），guess（中英），hold（古英），imagine（ラ），picture（ラ），reckon（古英），suppose（ラ），suspect（ラ），take（古ノ），think（古英），wonder（古英）など

・形容詞の例：「美しい」に関係する語：attractive（ラ），beautiful（中英），enchanting（ラ），exquisite（ラ），fair（古英），fine（ラ），good-looking（近英），graceful（ラ），heavenly（古英），lovely（古英），mellow（中英），picturesque（イタ），pretty（古英）など

面白いことに，英語の類義語は時代別に3層に分かれます。(25) と表5

表5. 英語の語彙の3層階層の例[42]

意味	英語本来語	フランス語	ラテン語・ギリシア語
尋ねる	ask	question	interrogate
本	book	volume	text
美しい	fair	beautiful	attractive
しっかりした	fast	firm	secure
助け	help	aid	assistance
王の	kingly	royal	regal
上がる	rise	mount	ascend

---

[42] 堀田（2011：78）を参考に，一部改変しました。

をご覧ください。時代の古い順に，1層目は英語の本来語の層で，古英語期の時代にあたります。2層目は次に古いフランス語からの借入語の層で，そして3層目はその後のラテン語・ギリシア語からの借入語の層です。

(25) 英語の類義語の時代別階層
　　　a. 1層目：英語の本来語のみで構成
　　　b. 2層目：フランス語からの借用語
　　　c. 3層目：ラテン語・ギリシア語からの借用語

　みなさんは，この表5に載っている語彙を眺めて，どのような印象を受けますか？　**ラテン語・ギリシア語層の語彙は比較的，「難しそう」で，「厳格」な感じがあり，英語本来語の層の方がなんとなく「基本的」で，「身近な」語彙が並んでいる気がしませんか？**　加えて，前者の方が文字数や音節数が長いですね。英語本来語の方は日常の会話などで頻繁に使う語彙で，ラテン語・ギリシア語由来の方は，堅い論文などを書く時に使用する語彙ということになります。友人に気軽に「ねえ，ちょっと手伝ってくれない？」とか「ちょっと聞いていい？」という場合は，Can you assist me? とか Can I interrogate you? というよりも，Can you help me? や Can I ask you? の方が会話の場合などには自然で良いということになります。

　さらに，1000年以上前の古英語期には古ノルド語からの影響も受けて，句動詞を使って表現する場合が多かったのですが，その後にフランス語やラテン語からの1語の言い換えが導入されたため，結果として**英語では句動詞でも1語でも，ほぼ同じような意味を表現できる組み合わせが増えたのです。**その例を（26）に載せておきます。

(26) 句動詞とそれに相当する語の例
　　　a. come across = discover（偶然見つける）
　　　b. give up = surrender（降服する）

c. look forward to = expect（期待する）

d. stand by = support（支持する）

e. take after = resemble（似ている）

本来語である句動詞を使う方が堅いイメージがなく，口語的表現の感じになる
わけです。ですから，英語の会話では句動詞を使用する場合が多いのです。た
だし，その分，句動詞の意味をしっかり学習しておかないと，意味が分かりに
くくなりますね。

綴りと実際の発音に開きがある

　日本語のひらがなは，「あ」と書けば，発音は「あ」の1つしかありません。
しかし，英語を勉強すればすぐに気づき，そして悩ましく思うことですが，英
語の a は /eɪ/ と発音する（例：ate）だけではありません。/æ/（例：cat）や
/ə/（例：about）という発音もあります。また，knife は /naɪf/ と発音し，
/kniːfe/ とは発音しません。「クニーフェ」と綴るのに，「ナイフ」と発音する
わけです。また，knife の k だけではなく，eight などの gh や，bomb の2
つ目の b も発音しません。[43]　実際の発音と綴りが一致しない例は英語にはま
だまだたくさんありますから，他の多くの言語でもこの発音と綴りの乖離が当
たり前だと思うかもしれません。

　しかし，英語以外の言語を勉強すると，この乖離は英語では特に激しいもの
であることが明白になってきます。例えば，イタリア語，スペイン語，ドイツ
語などでは，ほぼ綴り字どおりに発音すれば問題はそれほど起こりません。な
ぜ英語は綴り字と実際の発音の間にこんなにも大きなずれがあるのでしょう

---

[43] 「爆弾」の意味の bomb は［bɔm］と発音しますから，「爆撃機」「爆破犯人」の意味である bomber は
［bɔmər］，つまりボマーと発音し，ボンバーとはなりません。とはいえ，筆者はゴールデンボンバーのファ
ンです。

か？　この疑問を解決するためには，英語の歴史をさかのぼって見ていかなければなりません。以下で説明しましょう。

　英語の発音と綴り字に乖離がある第1番目の理由に次の事実をあげておきます。つまり，英語は文字としてローマ字（またはラテン文字とも言います）を使用していますが，ローマ字はもともとは，ラテン語を書き表すために作られたものです。したがって，それを別の言語である英語の単語の綴りに当てはめようとしたときに，そもそも無理が生じていたのです。つまり最初から無理があったのです。古英語の音（音素）は35個ありましたが，当時のローマ字は23字しかありませんでした。[44]　音の数に対して文字が不足していたのです。そのため，どうしたかというと，2文字で1音を表したり（例：æ），他の言語の文字体系から文字を借りてきたりして（例：þ）急をしのいだのです。

　2番目に，昔はコピー機などがありませんから，中英語期（後述します）に公文書などを書き写す仕事をする写字生がいたのですが，彼らはほとんどがフランス系の人間でした（後述しますが，当時のイングランドはフランス人の王朝に統治されていたため）。そして，自分たちの母語であるフランス語の影響を受けて，英語を写字する際に，フランス語式綴りを採用したりしました。さらにすごいことには，自己流の綴りを各自が独自に採用し，英語の文字を書き写したりもしていました。検閲も厳しくない時代で，自己流が許されたのでしょう。この写字生のふるまいも綴り字と発音の乖離の要因の1つにあげられます。

　3番目として，中英語期以降の**語源学者**が，自分たちの学問や知識をひけらかすために，発音しないのに綴る**「黙字（mute letter）」**（例：de**b**t）をわざと単語に挿入したりしたからです。[45]　4番目として，他の言語からの借用語

---

[44]　**音素（phoneme）**というのは，その言語で意味を区別することのできる音の最小単位のことです。たとえば，英語では，/pen/, /ten/, /men/ はそれぞれ，pen, ten, men という別の語（意味）になりますから，/p/, /t/, /m/ は別の音素ということになります。母音なども同じで，pat, put, pet, pit, pot はすべて違う意味を表す語であるため，そこで使われている母音，/æ/, /ʊ/, /e/, /ɪ/, /ɑ/ は英語ではすべて異なる音素ということになります。

[45]　語源学（etymology）とは，言語学の1部門ですが，個々の単語の起源や由来を史的言語学や比較言語学の方法によって研究する学問のことを言います。

は元の言語で綴られていたとおりに英語でも綴られることも多く，英語の綴り字の習慣と相いれない綴り字のパターンが英語に入ってきたからです。5番目として，印刷技術の発達があります。15世紀後半，イギリスの最初の活版印刷業者であるウィリアム・カクストン（William Caxton，1422頃 – 1491）が，大量に本を印刷するようになり，綴りが固定し始めました。しかしながら，同時期に「**大母音推移（the Great Vowel Shift)**」などの大規模な発音の変化が起こっていたのです。要するに，「**発音は変化するが綴りは変化しない**」ということです。そして，6番目として，その大母音推移をあげたいと思います。300年にもわたる，この英語の長母音の変化について，以下で詳しく述べます。

大母音推移(the Great Vowel Shift)

　大母音推移というのは，名前のとおり，母音（正確には /iː/, /eː/, /uː/ などの強勢のある長母音）の発音が大きく変わっていった現象のことを言います。1400年頃から1700年ぐらいまでの300年間をかけて，特別な先導者がいたわけではありませんが，不思議なことに，**徐々に長母音の発音の仕方が規則的に変化していった**のです。次の図3と（27）を見てください。[46]

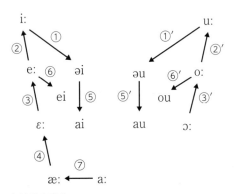

図3　大母音推移における音変化

46　瀬田・保阪・外池・中島（編著）（2010：68）より引用。

（27）　大母音推移の例

a. /iː/ → /əɪ/ → /aɪ/　　　　例：lif　/lːf/　→ life /laɪf/

b. /uː/ → /əʊ/ → /aʊ/　　　　例：hus　/huːs/ →　house /haʊs/

c. /oː/ → /uː/　　　　　　　例：fool　/foːl/ → /fuːl/

d. /ɛː/ →　/eː/ → /iː/　　　　例：feel　/fɛːl/ →　/fiːl/

e. /ɔː/ → /oː/ → /oʊ/　　　　例：home　/hɔːm/ →　/hoʊm/

f. /aː/ → /æː/ → /ɛː/ → /eː/ → /eɪ/

　　　　　　　　　　　　　例：name　/naːme/ → /neɪm/

　前述したように，大母音推移は強勢のある長母音に対して起こった音の変化です。図3にも載せていますが，強勢のある長母音が1段ほど（時には，2段，3段と），全体的に**調音位置（音を作る位置）が上がって発音されるようになった現象**です。「調音位置が上がる」とは，「舌の位置が高くなる」または，「口が閉じてくる」という意味です。

　それでは，1番上の位置（つまり，口が一番閉じた位置）で調音する（発音する）/iː/ や /uː/ はどうなったかと言えば，それ以上高い調音位置がないために，二重母音に変化したのです。つまり，/iː/ ⇒ /aɪ/，/uː/ ⇒ /aʊ/ となったのです。（27）を見てください。（27a）は /iː/ という長母音が /aɪ/ という二重母音に，同じく（27b）は /uː/ という長母音が /aʊ/ という二重母音に変化した例です。（27c）は /oː/ が /uː/ に，（27d）は /ɛː/ が2段階を経て最終的に /iː/ に，（27e）も同じく2段階を経て /ɔː/ が /oʊ/ という二重母音に変化した例です。（27f）はなんと4段階も経て，/aː/ が /eɪ/ という二重母音に変化した例です。

　300年という長期間にわたり，どうしてこのような大規模で規則的な長母音の変化が起こったのでしょうか？　いろいろな説があるようですが，いまだに明確な解答は得られていないようです。英語史のミステリーのうちの1つです。[47]

英語の歴史

英語の歴史的区分

「温故知新」という言葉があります。過去のことを学び，そこから新しい知識や見解を得ることです。私たちの学習している現在の英語の特徴について，なぜそうなっているのかの原因を知ろうとするとき，英語がどのように成り立ってきたかという，英語の歴史について学ぶことが必要になってきます。物事にはすべて原因とその結果があり，現在を知るには過去を知ることが大事だということです。英語には長い歴史があり，その全容を数ページで簡単には解説できませんが，ここでは英語教師が知っておくとよいと筆者が考える項目に絞り，説明を施していきたいと思います。[48] 英語という言語はいつ頃できたのか？ その後，どのような変遷をたどったのか？ 昔の英語は現在の英語とどう違うのか？ いつごろから世界の共通語になったのか？ などについて見ていき，英語が現在の姿になった理由を考察していきます。

英語も例に漏れず変化してきました。その言語学的な変化を，専門家たちは一般に次の4つの時期に大括りしています。[49] つまり，**英語はこれまでに4回にわたって大きく変化してきた**ことになります。

---

[47] そのいくつかの説とは，渡部（1983：226-229）によれば，「吸い上げ説」「突き上げ説」「psychological説」です。詳しくは渡部を参照ください。

[48] 英語の歴史について，もっと深く知りたい方には良書がたくさん出ていますので，ぜひそちらに挑戦してみてください。参考までに，筆者が読んだ本の中で特に勉強になった本は，堀田（2011，2016）です。その他にも，岸田・早坂・奥村（2002）や家入（2007）などの読みやすい本があります。

[49] 古英語期を，前古英語期（449-700），初期古英語期（700-900），後期古英語期（900-1100）に，中英語期を，初期中英語期（1100-1300）と後期中英語期（1300-1500）に，そして近代英語期を，初期近代英語期（1500-1700）と後期近代英語期（1700-1900）にさらに細かく分ける区分もありますが，本書ではそこまで細かく分けて解説していません。

(28)　英語の時代区分
    a. 古英語期（Old English, OE）　　　　　449（700）年 – 1100 年
    b. 中英語期（Middle English, ME）　　　　1100 年 – 1500 年
    c. 近代英語期（Modern English, ModE）　1500 年 – 1900 年
    d. 現代英語期（Present-Day English, PE）　1900 年 – 現在

　英語の始まりは，西暦 449 年と言われていて，他の時代区分に比べるとかなり具体的です。それには次のような理由があります。すなわち，現在のドイツ北部やデンマークあたりに暮らし，英語の元となる言語を話していたアングロ人とサクソン人，さらにはジュート人と呼ばれていた人々が，肥沃な土地を求め，大挙してイギリス（ブリテン島）へ移動・移住してきた年が西暦 449 年なのです。そのため，この年を英語の始まりとするわけです。[50] その時に，これらの民族が現在の英語のルーツとなることばをブリテン島にもたらしました。**英語は 3 つの民族の侵入によって形成された言語**，ということになります。[51]

　この 3 部族の中で最も有力だったのがアングロ人でした。English ということばは，Angle（アングル人）という語に接尾辞の -ish が付いた，Anglish（アングル人のことば）から来ました。同様に，アングル人の土地（Angle + land）が元になり，イギリス（の一部）は England と呼ばれるようになりました。この西暦 449 年を英語の始まりだとすると，現在までに英語には 1500 年余りの歴史があることになります。

　また，もう 1 つの意見として，英語の始まりは西暦 700 年ごろ，というも

---

[50]　5世紀のブリテン島には誰も住んでいなかったかというと，そうではありません。先住民族がいました。その民族はケルト族です。ケルト人は侵入者のアングロサクソン人たちと戦闘を繰り広げながら北へ，西へ，南へと逃げて行きました。具体的にどこへ逃げたかというと，現在のスコットランド，アイルランド，ウェールズ，そしてブルターニュ（現在はフランスの一部）などへです。つまり，**現在の「イングランド」と呼ばれる地域にアングロサクソン人が定住し，それ以外の地域には戦闘に負けたケルト人たちが住むようになった**のです。現在に至るまでの1500年にも渡る，このような民族的争いの歴史的背景から，スコットランドがイギリスから独立したがっていること，BBCでは英語とウェールズ語の二か国語によるニュース放送をしていること，北アイルランド紛争が起こっていること，などがよく分かります。ケルト人はケルト語を話していましたが，この言語は英語とはまったく異質の言語です。
[51]　児馬（1996），堀田（2011）

のがあります。これは，英語で書かれた文献が出始めるのが700年ごろになってからで，その前の英語の姿が分からないために，具体的な姿が分かる700年ごろから始まったと言ってもよいのではないかという主張に基づいています。以下では，4つの時代区分に沿って，英語の変遷について見ていきましょう。

古英語期：449(700) − 1100年

西暦449年から1100年ぐらいまでの間の英語を古英語（Old English, OE）と呼びます。まずは，古英語がどんな感じだったのか，当時の英文を載せてみます。(29) には古英語期の代表的文学作品である *Beowulf*（ベーオウルフ）の冒頭部分を載せます。[52]　その下に私たちが現在使用している英語を載せます。加えて，日本語訳も載せておきます。

(29) 古英語（ベーオウルフ）からの例[53]

Hwæt! Wē Gārdena	in geārdagum,
þēodcyninga,	þrym gefrūnon,
hū ðā æþelingas	ellen fremedon,
Oft Scyld Scēfing	sceaþena þrēatum,
monegum mægþum,	meodosetla oftēah,
egsode eorlas.	Syððan ǣrest wearð
fēasceaft funden,	hē þæs frōfre gebād,
wēox under wolcnum,	weorðmyndum þāh,
oðþæt him ǣghwylc	þāra ymbsittendra

---

[52] 『ベーオウルフ』は古英語で書かれた最大の叙事詩と言われています。ベーオウルフとはこの本の主人公の名前です。勇士ベーオウルフが，妖怪や火竜などと戦います。この叙事詩は古英語期の標準的言語とされている西サクソン方言で書かれています。作品の成立は8世紀ごろとされていますが，諸説あります。

[53] 片見・川端・山本（編）(2018：36-38) より引用。

ofer　hronrāde　　hȳran　scolde,
gomban　gyldan.　Þæt　wæs　gōd　cyning!

（現代英語）

Listen! We the Spear-Danes' in days of old

of the people's kings	the glory have heard of
how those princes	brave deeds did
Often Scyld Scefing	from enemy bands
from many races	mead-benches took away
terrified noblemen	After first was
helpless found	he for that consolation experienced
thrived under the clouds	in honour prospered
until him each one	of those neighbours
across the whale-road	obey had to
tribute pay	That was a good king.

（日本語訳）

聞け。我らは槍のデーン族の　　　　　いにしえの

部族の諸王の	栄光を伝え聞く。
いかにかの公達が	勇猛な業をなしたるかを。
幾度も Scyld シェーフの息子は	敵の群れから
あまたの部族から	酒席を奪い
気高き人々を畏れさせた。	はじめは
助けもなく見出された後	彼はそれゆえ慰めを受け
偉大となり雲の下で	栄誉を誇った
ついには彼に	周りに住む者たちの誰もが
鯨の道（＝海）を越え	従う他なく
貢物を献上するに至る。	げに良き王であった。

　どうですか？　かなり異なっていると思われたでしょう。同じ言語だとは思えないくらい，私たちの知っている英語とはかけ離れている印象を受けたと思います。もちろん，現代英語訳や日本語訳と比較対照すれば，その意味が推測できる語もないわけではありません。しかしそれ以上に，æ, ā, þ, ē, ð など，現在では見かけない文字や，語（例：Þēodcyninga, ðā）がたくさんあることに気づくでしょう。

　『ベーオウルフ』は，今から1000年以上前（日本で言えば平安時代後期）の英語ですから，この1000年間に，英語はかなりその姿を変えたと言えます。その変化は，日本語の変化以上のものであると一般に言われています。**1000年間でどうしてこんなにも英語は変化していったのか**については，この後解説していきたいと思います。

　さて，今度は古英語期の終わりですが，なぜ1100年頃かと言えば，1066年に起こった**「ヘースティングズの戦い（Battle of Hastings）」**に原因があります。この戦いにより，フランスがイングランドを征服し支配したため，それ以降，英語へのフランス語の影響が大きくなり（特に，語彙の面において），英語の様相が古英語期とはがらっと変わっていく時代が始まるからです。

　古英語期にはそれぞれの地域でそれぞれの英語（方言）が話されていました。とは言え，1つの英語という言語内のバリエーションですから，どの方言にもおおよそ（30）に載せるような特徴がありました。[54]　どの特徴も，現代の英語とは全く異なりますね。前述した（19）（→ p. 32）の「現代英語の特徴」と比較してみてください。

（30）古英語の主な特徴
　　　a. 語彙は英語本来の語彙から成り立っていた
　　　b. 文法的な性があった
　　　c. 名詞，動詞，形容詞，冠詞などが複雑に屈折したため，語順に重き

---

[54]　堀田（2011）

　　　　が置かれなかった

　　d. 綴り字と発音が一致していた

　上記のうちのいくつかの特徴については，「現代英語の特徴」（→ p. 31）で
も解説しましたので，若干重複する説明も出てきますが，以下でもう一度，1
つ1つを見ていくことにします。まず，（30a）についてですが，英語は
1500 年間で，他の言語からたくさんの語彙を取り入れてきました。しかし，
古英語期の語彙は，まだ英語本来の語彙が大多数を占めていました。本来語の
例は表5（→ p. 39）をもう一度参照ください。

　その後は，前述したように（→ p. 33），75 の言語から約 17 万語も英語に
入ってきて，豊富な語彙量を持つようになりました。そのため，類義語が多く
なったのも確かです。たとえば，「時期」という意味の英語は次のようにたく
さんありますが，この中で古英語期からあった語彙，つまり英語の本来語は2
つだけです：day（本来語），time（本来語），season（ラテン語から），age
（ラテン語から），era（ラテン語から），moment（ラテン語から），period（ギ
リシア語から），stage（古フランス語から）。

　（30b）の「文法的な性があった」ですが，古英語には男性名詞，女性名詞，
中性名詞という3つの文法性があったということです。これも「現代英語の
特徴」で述べましたが，現代の英語にはこのような「文法上の性」というもの
がありません。日本語にも文法上の性がないため，この概念は私たちにはピン
と来ないかもしれません。中国語や韓国語にもありません。ただし，大学生の
時に第二外国語としてドイツ語，フランス語，スペイン語などを履修した人は
思い出すかもしれません。

　前ではイタリア語で例を出しましたが，ここでは現代ドイツ語を例にします。
ゲルマン系言語であるドイツ語は古英語と同じように，男性名詞，女性名詞，
中性名詞の3つの文法性があります。[55]　現代ドイツ語のすべての名詞に性が
割り振られているのです。それは，その名詞が男性的だから男性名詞，女性的
だから女性名詞という割り振りの仕方でないのはイタリア語などと同様で

す。[56] **文法性のない現代英語は，この側面に関する限り，日本語を母語とする私たちには学習しやすい言語であると言えます。**少なくとも名詞にかかわる文法性をいちいち覚える必要がないからです。

　古英語期には，例えば，stan（= stone）は男性名詞，lufu（= love）は女性名詞，wif（= wife）は中性名詞でした。さらに，古英語には「強変化・弱変化」という異なる語尾変化を持つ2種類の変化形があって，こちらも文法性と同様に，それぞれの名詞ごとに，どちらの変化をするのかが決まっていました。下の（31）に強変化する男性名詞の stan（= stone）の例を出しておきます。当時の英語はなんと複雑だったんでしょう！

（31）強変化する男性名詞 stan（=stone）の変化

	単数	複数
主格（〜が）	stan	stanas
属格（〜の）	stanes	stana
与格（〜に）	stane	stanum
対格（〜を）	stan	stanas

55　フランス語やスペイン語，イタリア語のようなロマンス系の言語では，男性名詞と女性名詞の2つの性のみの言語が多いようです。

56　筆者は，大学の学部1年生の時に，第二外国語としてドイツ語を選択しました（前述）。そして，その際に出会ったのが，この「ドイツ語の名詞には性がある」という事実でした。しかも，そこには確固とした規則はなく，どうやら，どの名詞が男性名詞か女性名詞か中性名詞か，1つずつ覚えなければならないと教授から教えられました。筆者はその時，ドイツ人は天才かと思いました。よくもまあこういう複雑な言語を話せるもんだと尊敬の念を抱いたことを今でも覚えています。もう1つ驚愕したことは，ドイツ語の冠詞は，主格や対格などの格によって別の形に変化するということです。Die-der-den-die といった具合に。しかも，その変化の形は文法性によって異なるということでした。このような語形変化は古英語も同じだったということです。こういうような言語的事実を知ると，どんな言語（母語）であってもいとも簡単に獲得してしまう私たちの脳はすごいんだなということを再確認します。そして，言語専有の能力を使用しない限り，こういう芸当は不可能であると考えざるをえません。

　次に，（30c）の「名詞，動詞，形容詞，冠詞などが複雑に屈折したため，語順に重きが置かれなかった」について見ていきましょう。たとえば，現代英語で名詞の変化はどうなっているかと言えば，格によって名詞の形が変化しませんね。stone は主語の位置に来ても目的語の位置に来ても，いつも形は stone です。これは学習するのに楽です。しかし，**名詞についてですが，若干，昔の面影として現代英語の中に語尾変化が「残っている」部分があることにも気がつきます。**それはどこかと言えば，前述もしましたが，複数形を作る際の -(e)s（例：books, watches）と，属格（所有格という場合もあります）の 's（例：Ken's book）のところです。

　以下，少し込み入った説明になりますが，現在の名詞複数形の語尾は，古英語時代の「強変化男性複数主格形」の語尾 -as が発端で，それが中英語期に**「水平化 (leveling)」**されて -es となり，現在に至っています。「中英語期」の項でも説明しますが，語尾変化の水平化とは，さまざまに異なる形で変化していた語尾変化が，一定の同じ形で変化するようになったことをいいます。古英語期にはほとんどすべての場合で，いろいろな形で語尾が変化していましたが，それが中英語期になってくると，それらの語尾変化が同じ形の変化となり，最終的にはほとんど変化が消失してしまったということです。現在残っている語尾変化は，古英語時代の名残りなのです。

　さて，属格の 's は，「強変化男性と中性の単数属格形」-es が元になっています。英語では，I'm（= I am）や I'll（= I will）からも分かるように，「 '（アポストロフィー）」は省略の印です。[57]　ですから，**Ken's book の時も，実は文字が省略されているのです。**そうです，-es の e が省略されているのです。[58]　なぜ省略するのかと言えば，筆記する場合，いちいち e と書くよりも

---

[57]　アポストロフィー（apostrophe）とは，「省略」という意味のギリシア語が由来です。

[58]　Taro: What time is it? John: It's ten o'clock. などの時の o'clock のアポストロフィーも文字が省略されているのです。元は何かと言えば，o'clock = of the clock です。ですから，「o'」は of の f が省略された形なのです。the は口頭ではとても弱い音になって聞こえないほどになるため，それを書き記す場合には表記されなくなりました。

その方が楽だからです。

　以下には，参考として，古英語期の形容詞 god（= good）と，定冠詞 se（= the）の屈折の例をあげておきます（(32)(33)）。現代英語の形容詞は，比較表現の場合だけ変化します（例：good—better—best）。一方で，古英語では主語や目的語の性・数・格に一致させて，形容詞の形を変化させていました。同様に，現代英語の定冠詞 the は，どのような文法的な役割になろうとも，つまり主格であろうが目的格であろうが，まったく変化しませんが，**古英語の冠詞は名詞の性・数・格に応じて変化していました**。(34) で示すように，冠詞，形容詞と主語や目的語となる名詞の両方が変化して文法的関係を伝えていたのです。

　よって，意味を理解したり，伝えたりする際に，語順に頼る必要がありませんでした。屈折によって文法的な役割が決まり，意味を伝えられるからです。ところが，最終的に英語は屈折することをほぼやめてしまうわけですから，意味を正確に伝えるためには，今度は語順が重要な役目を果たすようになったのです。それが現代英語なのです。したがって，**現代英語では意味を伝達する手段として，語順がとても重要な役割を果たしているのです。**

(32) 古英語期の形容詞 god（= good）の変化

	単数			複数	
	男性	女性	中性	男・女性	中性
主格（〜が）	god	god	god	gode	god
属格（〜の）	godes	godre	godes	godra	godra
与格（〜に）	godum	godre	godum	godum	godum
対格（〜を）	godne	gode	god	gode	god

(33) 古英語期の定冠詞 se (= the) の変化

	単数			複数
	男性	女性	中性	
主格（〜が）	sě	sēo	Þæt	þā
属格（〜の）	þæs	þǣre	þæs	þāra
与格（〜に）	þæm	þǣre	þæm	þǣm
対格（〜を）	þone	þā	þæt	þā
具格（〜で）	þȳ	þǣre	þȳ, þon	—

(34) 古英語の文法的一致

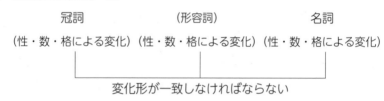

冠詞　　　　　　　（形容詞）　　　　　名詞

（性・数・格による変化）（性・数・格による変化）（性・数・格による変化）

変化形が一致しなければならない

　さて，（30d）の「綴り字と発音が一致していた」については，前述もしたように，さまざまな原因が重なり，現代英語では綴り字と発音が必ずしも一致しなくなりましたが，**古英語の時代は，綴りと発音がほぼ1対1で対応していました。**古英語時代の例を（35）に載せます。だいたいローマ字通りに発音すればよかったのです。右側には日本語でおおよその発音を書いておきました。ある意味当たり前のことなのですが，「発音されるように綴っていた」，ということです。誰も，「発音しないように綴ったりはしない」，ということです。そんな面倒くさいことはしないでしょう。

(35) 古英語の発音と綴りの例

　　　a. dēor (= deer)　　　デーオル

　　　b. eald (= old)　　　エアルド

　　　c. hwā (= who)　　　フワー

d. sunne (= sun)　　　　スンネ

e. climban (= climb)　　クリンバン

f. cniht (= knight)　　　クニヒト

g. hring (= ring)　　　　フリング

h. writan (= write)　　　ウリータン

　古英語期に関する以上の内容を一言でまとめれば，**古英語と現代英語は同じ英語であるとは思えないほど異なっている**，ということです。別の言語であると言ってもよいほどです。その隔たりは，奈良・平安時代の日本語と現代日本語の隔たりよりも圧倒的に大きいと専門家の間では言われています。[59]

アルファベットの歴史

　日本に住む私たちにとって，言語には文字があるのが当たり前で，文字なしには生活できませんが，**世界には文字のない言語もあります。**たとえば，アイヌ語やアメリカ先住民族の諸言語も元々は文字を持ちません。文字は偉大な発明だと思います。そもそも，姿が見えず一瞬で消えてしまう音の連続を，姿が見えて保存できる形にしたのですから，これはすごいことです。言語学史上，最大の功績と言ってよいかもしれません。

　話されることばを視覚化して保存する文字は世界中にたくさんありますが，どうやらそれぞれが世界各地で独立して発生してきたようです。この点では，言語そのものの誕生の過程とは異なります。世界で最も古いと言われている文字は，古代エジプトのヒエログリフ，古代メソポタミアの楔形文字，そして古代中国の甲骨文字などです。これらは今から 3000 年から 5000 年ほど前には存在したと言われています。随分と前から文字はあるようですが，言語そのものの誕生は今から 5 万年ぐらい前と言われていますから，それに比べれば

[59]　堀田（2011）

文字の発明は比較的新しいとも言えます（→ p. 136）。

　その文字の中の1つである「アルファベット（alphabets）」を使用している言語はたくさんあり，英語もその中の1つですが，それぞれの言語で使用しているアルファベットの文字は少しずつ異なり，その数も異なります。英語は26文字のアルファベット（ラテン文字）を使用していますが，ドイツ語のような，ä, ü, ö（こういう文字を「ウムラウト（Umlaut）」とか「母音変異」と言います）や，イタリア語のようなアクセント記号のついた，ì, è のような文字は英語にはありません。**英語はかなり単純な文字体系だと言えます。**[60]

　いつごろアルファベットの原型ができたかと言えば，紀元前2000年から前1500年ぐらいの間，つまり，今から3500年から4000年ぐらい前に，東地中海地方のセム語族という語族に属するフェニキア人によって作り出されたというのが有力な説です。このアルファベットの原型である文字は「北セム文字」と呼ばれていますが，22個の子音字しかありませんでした。母音字はなかったのです。子音だけで成り立っている言語はありませんから，当時の人たちはどうしたかというと，子音字の連続の中に，文法的にふさわしい母音を（推測して）挿入しながら読んでいたようです。つまり，現代英語で表記すれば，wtr（=water），mlk（=milk），shp（=sheep）といった感じだったのでしょう。

　さて，その後，紀元前1000年ぐらい（今から3000年前）に，東地中海地方からギリシア地方に，このアルファベットの変種が伝わりました。そこで初めて母音字がアルファベットに加わりました。その当時，ギリシア地方に住んでいた民族はエトルリア人と呼ばれる人たちでした。アルファベットの原型は，このエトルリア人によって改良され，「エトルリア文字」と呼ばれるものにな

---

[60]　どのような基準で勘定するかによって数は異なりますが，日本語の文字数は，ひらがなとカタカナの両方の清音（例：か，き，く，け，こ，カ，キ，ク，ケ，コ），濁音（例：が，ぎ，ぐ，げ，ご，ガ，ギ，グ，ゲ，ゴ），半濁音（ぱ，ぴ，ぷ，ぺ，ぽ）などを含めれば150以上になります。ということは，英語学習で26文字しかない「アルファベット自体を覚えること」は，さほど困難なことではないと思います。ただし，英語のアルファベットが書けるようになると自動的に英単語が読めるようになるわけではないことは悩ましいことです。

りました。さらに，エトルリア文字は紀元前7世紀のころ（今から2700年前）にローマに伝わり，ラテン文字（ローマ字）が派生しました。それから10世紀以上も経った紀元6世紀のころ（今から1500年ほど前），つまり古英語期に，キリスト教の布教とともにローマ字がブリテン島に持ち込まれました。そして，英語を記述するために改良されていき，英語では現在の26文字となりました。アルファベットの呼び方は，ギリシア語のアルファベットの最初の2字がアルファ（α）とベータ（β）のため，これに由来しています。

　日本語には漢字，ひらがな，カタカナがあります。これはこれで独特な文字体系ですが，英語などを表記するアルファベットには同じ文字に対して，大文字と小文字があります。どちらかだけでも十分に用は足すのかなとも思いますが，なぜ，そしていつ頃から，大文字と小文字という2種類ができたのでしょうか？　解説していきましょう。

　最初はアルファベットには今でいうところの「大文字」しかありませんでした。 ですから，小文字と区別するために，わざわざ「大文字」とは言っていなかったと思います。小文字が登場するのは8世紀後半のことです。当時，フランク王国（カロリング朝）のカール大帝（シャルルマーニュ，742-814〈在位768-814〉）が西ヨーロッパ全土をほぼ支配し，「カロリング＝ルネサンス」と呼ばれる文芸復興の時代がやってきました。文芸復興期には，本が多く出回るようになりました。修道院などで本を作るには，文字を記すものが大量に必要となってきますが，当時のヨーロッパには，まだ製紙法が伝えられておらず，代わりに使用されていたのが動物の皮をなめした羊皮紙でした。[61]　しかし，その羊皮紙もやはり高価で，節約のために文字を詰めて書く必要が出てきました。そこで，**文字を縮めて書くために考案されたのが小文字なのです。** パソコンなどでアルファベットを打つ時などにも分かるように，小文字は大文字の半分のスペースで作成することができますね。

61　製紙法は，中国が後漢の時代であった紀元105年に蔡倫（さいりん）という宦官によって発明され，その後8世紀にイスラム諸国に伝わり，12世紀頃ヨーロッパへ伝播したと言われています。

　しかし，一口に「小文字」といっても，最初のころはその様式は修道院ごとにまちまちであったため，字体の統一が急務となりました。そこで，イギリス生まれの神学者アルクイン（730ころ‐804）がカール大帝に招かれ，小文字の統一に尽力し，**「カロリング小字体」**と呼ばれる字体を確立しました。これが基となり，現在のアルファベットの小文字表記へと発展していくことになりました。ドイツ語などでは，名詞は文のどこの位置に出てきても大文字で書き始めますが，英語はある特定の名詞のみ（例：固有名詞，曜日，月の名前）を大文字で始めるだけです。大文字・小文字使用の規則は，各言語によって異なります。[62]

　また，カール大帝以前の写本や碑文を見ると，語間にスペースがなく，単語はすべてくっついています。さらに，ピリオドもなければ，コンマも段落もありませんでした。つまり，現代英語で書けば，IATEBREAKFASTATSIX（＝I ate breakfast at six.）のように書かれていたと想像してください。その後，カール大帝のカロリング朝文字改革にともなって，語間にスペースを置くことが始まりました。それぞれの単語を切り離して書くことによって，意味があいまいになることを避け，原典の意味を正確に保存する結果につながりました。また，カール大帝以後，句読点を打つことが初めて一般に行われるようになり，書かれた文字が読みやすくなりました。そのため，文字の読めない一般民衆に僧侶や有識者が聖書などを読んで聞かせることにも大いに役立ちました。

中英語期：1100‐1500年

　中英語期（Middle English, ME）ですが，この時期が始まるのはおおよそ1100年頃です。前述のように，1066年に「ヘースティングズの戦い」が起

62　「私が」を表すIですが，人称代名詞の中でIだけはどの場所に出てきても大文字で書くのは，一文字であるため，小文字のiが前後の語の一部と見誤られるのを避けるためでした。なお，Iは，古英語期にはicという形でした。

こりました。この戦争では，フランスのノルマンディ公ウィリアムがイングランドの王位継承権を主張し，最終的にイングランドを征服してしまいました。彼は，ウィリアム 1 世（在位 1066〜1087 年）となり，ノルマン王朝（1066〜1154 年）を成立させました。イングランドはフランスの支配下に入ったのです。この大事件は「ノルマン征服（Norman Conquest）」と言われています。ここからの約 250 年間，ブリテン島はフランスの王朝に支配され続け，英語そのものも大きく変わることとなります。[63] この時代は，フランス語がイギリス国内での公用語となったのです。

　もう少し厳密に言えば，**イギリス全体でフランス語と英語のバイリンガルの状態になった**のです。つまり，フランスからやってきた王族や貴族などの上流社会で暮らす人々はフランス語を話したのですが，全人口の 90％ を占める一般庶民は，相変わらず英語を話していたのです。フランス語の地位は高く，英語の地位は低い，という感じです。教養ある貴族たちはフランス語を使用しているわけですから，英語でものが書かれる機会が一気に減りました。英語で書物がほとんど出版されないということは，話しことばだけで英語は何世代もの間，口から口へと話し継がれていくわけで，変化をこうむりやすい状態だったのです。さらに，「こう話さなくてはいけない」とか「このように表現するのが正しい英語である」といった当局（フランス語を話す国王など）からの命令も規定もないわけです。このような状態になると，ことばは自由自在に変化していきます。「正しい言い方の基準」が存在しないわけで，**英語はやりたい放題の環境に 250 年もの間置かれることになりました。**そのため，古英語時代の姿からものすごく変わっていったのです。

　英語の姿が変わっていったもう 1 つ別の要因に，**支配者層の言語であるフランス語からの影響**があります。フランス語は英語の発音や綴り，さらには文法にも影響を与えましたが，特に顕著なのは，語彙が大量に英語に導入され，

---

[63]　ノルマン王朝の次の王朝は，プランタジネット王朝（1154〜1399 年）と言いますが，この王朝もフランス人の王朝でした。

定着していったことです。フランス語っぽい発音と綴りの語彙が増えていきました。一方で，前述のように，1476 年にウィリアム・カクストンがロンドンに印刷所を開設しました。それまでは手書きで本を作成していたのが活字本に移行し，書物が印刷できるようになりました。こうなると，ますます綴りが定着するようになっていきます。

　中英語期が始まる 1100 年頃からの 200 年から 300 年の間に，語尾変化に関し，英語に大転機が起こります。すなわち，あれほど多様に語尾を変化させていた英語がこの期間に屈折が単純化していったのです。この単純化のことを水平化と呼ぶことは「古英語期」でも述べました。簡単に例を出しますと，**-a，-u，-e，-an，-um で終わっていた語尾が，すべて一様に -e となった**のです。屈折をやめてしまうからには語順を頼りに意味を把握するしかありません。よって，次第に英語の語順が固定するようになってきました。他動詞構造であるなら，動詞の前に来る名詞句は主語，後ろに来る名詞句は目的語という縛りができていったのです。つまり，

屈折重視の言語（語順の自由）⟹ 語順重視の言語（屈折の消失）

という図式が，英語に出来上がりました。

　では，なぜこのような大転換が英語では行われたのでしょうか？　堀田（2011）によれば，それは，**「語尾の音声的な摩耗」**が原因だということです。では，なぜ英語の語尾の音が摩耗したのでしょうか？　2 つの原因が考えられるとのことです。1 つ目は，**ゲルマン語派に特有の音声的な性質による原因**，2 つ目は，**古ノルド語およびフランス語との接触による原因**です。以下では，堀田（2011）を参考に簡潔にまとめてみました。

　1 つ目の原因ですが，ゲルマン語派の発音には「語のアクセントは最初の音節に来る」という規則があります。そして，強く発音される強勢音節と，弱く発音される非強勢音節がはっきりと区別されています。強いところは大きくゆっくりと発音し，弱いところは小さく素早く発音します。ということは，語末

に来る語尾変化の部分は第 2 音節以降となり，アクセントがなく，弱く発音されることになります。一般庶民は書物などに書かれた文字にほとんど触れることもなく何百年という期間が経過していったことを考えれば，語末の弱い音は徐々に曖昧に発音されるようになり，次第に消失していくことも十分考えられます。他のゲルマン諸語にも語尾の音の消失が見られるようです。インド・ヨーロッパ祖語から受け継いできた複雑な語尾体系ですが，ゲルマン語派に関して言えば，徐々に消失する運命にあったようです。

　しかし，この事実だけでは，なぜ古英語期から中英語期にかけて語尾が摩耗するようになったのかの説明としては十分ではありません。たとえば，同じゲルマン語系のドイツ語はいまだに語尾を複雑に屈折させるからです。2 つ目の大きな原因は，8 世紀から 11 世紀にかけてブリテン島に侵入したヴァイキングが話していた古ノルド語が影響しているということです。ヴァイキングたちは侵攻が落ち着くと，それぞれの土地に静かに定住し始め，アングロサクソン人たちと一緒に暮らし始めました。彼らの話す古ノルド語は英語と同様にゲルマン語系の言語の 1 つでもあり，英語話者と古ノルド語話者同士も文化的に似たところがあり，互いが自分の母語を話してもかなり通じ合えたようです。

　両方の話者は，2 つの言語に共通の**「語根（root）」**を頼りに話をしていたと考えられます。[64]　しかし，語根は似ていましたが，語尾変化は異なっていました。したがって，両者のコミュニケーションに阻害が出るとすれば，屈折語尾が原因となります。そのため，古英語の話者は，古ノルド語話者と話すときに誤解を招く元凶である語尾屈折をあえて用いないようにし，誤解されることを回避したのではないかということです。英語話者は語末を屈折させることを次第にやめるようになっていったのです。

　これらの 2 つの要因が同時に重なることで，英語は語尾変化をほぼ消失するようになったと考えられます。以上のことをまとめると，次のようなチャートができます。[65]

---

[64]　例えば，unkindness の語根は kind となります。一方，un- と -ness は派生接辞と呼ばれます。

総合的な言語　　　　　ゲルマン語の特徴である強勢第1音節の原則

屈折語尾の置かれやすい第2音節以降が相対的に弱化

屈折語尾の水平化・消失

屈折の担っていた文法標示機能が果たせなくなる

分析的な言語　　　　　代わりに語順や前置詞が同機能を担うようになる

「総合的な言語（synthetic language）」とは，古英語やラテン語のように，語形変化によって文法的関係を表す言語のことを言います。一方，**「分析的な言語（analytic language）」**とは，中国語や現代英語のように，前置詞や語順，can や must などの法助動詞を用いて文法的内容を表す言語のことを言います。

　古ノルド語は，複雑な屈折を消失する一因となった以外にも，当時の英語に多大な影響を与えました。古ノルド語からの借用語はたくさんありますが，それ以外にも，英語に句動詞が多いのは古ノルド語からの影響だということは「現代英語の特徴」でも述べました。古英語期から中英語期にかけて，**英語という言語は，特に古ノルド語とフランス語から非常に大きな影響を受けた「ハイブリッドな（複合型の）言語」**だということになります。まとめますと，中英語の特色は次のようです。だいぶ現代英語の姿に近づいてきました。

(36)　中英語の特徴

　　　a. 語尾の屈折が単純化した（水平化）

　　　b. 語順が確立してきた

65　堀田（2016：15）より引用。

c. フランス語を中心に多くの外来語が流入し定着した

d. 文法的な性が消失した

近代英語期：1500 – 1900年

　1500年 – 1900年が近代英語期（Modern English, ME）の時代となります。この時期の始まりを西暦1500年とするのは，1476年にイギリスに活版印刷技術が導入されたことが要因の1つです。『ロミオとジュリエット』や『ハムレット』など，多数の有名作品で知られるウィリアム・シェイクスピア（1564 – 1616）はこの時代の劇作家ですから，彼の英語は近代英語で書かれています。また，アメリカへの植民が始まったのは17世紀前半からで，やはりこの時期にあたります。

　さらに，近代英語期の後期にあたる18世紀から19世紀にかけては，イギリスが世界に君臨した時代と言ってもよいと思います。18世紀初頭の1707年には，イングランド王国はスコットランド王国を併合し，大ブリテン王国（Kingdom of Great Britain）が成立しました。また，水力紡績機，蒸気機関などの発明とともに，イギリスでは1760年代から産業革命が起こりました。それによって，資本主義が急速に発達し，経済的に繁栄をすることになりました。16世紀後半のエリザベス1世（在位1558年～1603年）や初代インド皇帝でもある19世紀のヴィクトリア女王（在位1837年～1901年）が君臨したのもこの時代です。このような時代背景のもと，近代英語の特徴は以下のようにまとめられます。

（37）近代英語の主な特徴

　　a. ギリシア語やラテン語などから多くの語彙が導入された

　　b. 語尾の変化（屈折）がほぼ消失した

　　c. 長母音の発音が大きく変わった（大母音推移）

　　d. 疑問文と否定文で do が使用されるようになった

e. 規範文法家が数多く現れた

　（37a）について，近代英語の時期には，特に，**古典語と言われているギリシア語とラテン語から多くの語彙が導入されました**。なぜこの時期に古典語からの借用語かと言えば，それはこの時期に開花したルネサンス（文芸復興）と関係しているのです。[66] ルネサンスに特徴的な古典語への関心のために，古代ローマ帝国などの公用語であったラテン語や，一時代を築いたギリシア（語）から大量の語彙が借用されたのです。まず，ラテン語からですが，education，focus，formula，investigate，medium などが加わりました。また，古典ギリシア語からの借用は，おもにラテン語またはフランス語を通しておこなわれました。たとえば，drama，museum，photo，topic などです。bio-（例：biology），eco-（例：economics），-logy（例：psychology）などの接頭辞や接尾辞も古典ギリシア語に由来しています。古典ギリシア語の語彙の多くが英語の中に取り入れられ，その優れた造語力によって，無限に増大する近代の学術語を補給するのにも寄与しています（例：anthropology → anthro 'human' + logy 'science'，philosophy → philo 'loving' + sophy 'wisdom'，biology → bio 'life' + logy 'science'）。[67]

　その他の言語からも語彙が英語に入って来ました。以下にそのうちのいくつかをあげておきます。日本語からは shogun（将軍）などが導入されました。

（38）諸言語から近代英語に借用された語の例
　　　ドイツ語から：hamburger，kindergarten，lager
　　　オランダ語から：boss，cookie，landscape

---

[66]　ルネサンス（Renaissance）とは，14 世紀にイタリアで興り，16 世紀までにヨーロッパ全土に広がった，学問と芸術における革新運動のことです。ギリシア・ローマの古典文化を復興し，教会中心の中世的世界観を離れ，現世の肯定，人間性の開放，個性の尊重などを謳いました。その影響は，政治・社会・宗教など多方面に及び，ヨーロッパの近代化の礎となりました。

[67]　安藤（2002）

フランス語から：buffet，tennis，ticket

スペイン語から：cafeteria，cigar，vanilla

アメリカ先住民族の言語から：canoe，raccoon，skunk

日本語から：shogun（将軍）

　この時期に英語の語彙が増大した理由は，ルネサンスが興ったということだけでなく，世界は「大航海時代」だったという社会的な情勢も大きく影響しています。古英語の時代は本来語の使用が一般的で，中英語期ではフランス語からの借用語がたくさんありました。近代英語期では大航海により世界が広がったことにより，**ヨーロッパ言語のみならず，アジアの言語（日本語を含む）からの借用語が増えた**のです。

　（37b）の「語尾変化の消失」というのは，「中英語期」の項でも述べたように，近代英語期に**語尾の変化（屈折）がほぼ消失した**ことです。（37c）の「大母音推移」についても前述したとおりです。

　さて，（37d）ですが，現代英語では，一般動詞の疑問文と否定文に do が挿入されますね。Do you…？（例：Do you like mathematics？）や，I don't…（例：I don't like mathematics.）などの構文は，現在では小学校でも学習します。この do の役割は文法的な働き（人称や時制を表示）のみであって，実質的な意味は持ちません。要するに，「この文は疑問文ですよ」とか，「否定文ですよ」，ということを示す「目印」のようなものと言ってよいでしょう。

　しかし，古英語の時代から疑問文や否定文で do が使用されていたかというとそうではなく，実は do が使用されるようになったのは，英語の歴史からすると比較的最近からなのです。**Yes/no 疑問文での do の使用は 16 世紀ごろから，wh 疑問文では 17 世紀中ごろから**だと言われています。それより前の英語では，（39）で示すように，動詞を文頭に移動し「動詞＋主語 …？」の語順で疑問を表していました。否定文では，否定を表すことばを動詞の前に単独で置いて，その意味を表していました。なお，（39）では，要点を明確にするために現代英語の形で表記しています。[68]

（39）do が使用される以前の英語の疑問文と否定文の形式

    a. Like you Mary? （= Do you like Mary? ）

    b. I not like Mary. （= I don't like Mary.）

このような do を使用しない疑問文や否定文の形式は，同じゲルマン語派のドイツ語などでは現在も用いられている形式です。現代ドイツ語の疑問文と否定文の例を示した（40）を見てください。Ich = I, lernen = learn, Sie = you, Deutsch = German, was = what, nicht = not です。ただし，ドイツ語では名詞，動詞などに語尾変化があります。

（40）現代ドイツ語の疑問文と否定文

    a. Ich　lerne　Deutsch.　　　（私はドイツ語を勉強します）

       I　　learn　German

    b. Lernen　Sie　Deutsch?　　（あなたはドイツ語を勉強しますか？）

       learn　　you　German

    c. Was　　lernen　Sie?　　　（あなたは何を勉強しますか？）

       what　learn　　you

    d. Ich　lerne　Deutch　nicht.　（私はドイツ語を勉強しません）

       I　　learn　German　not

ですから，疑問文や否定文で，do のような目印を挿入するというのは，英語独特のものだと言ってもよいと思います。さて，この do ですが，古英語のころは「～する」という動詞であったとともに，「～させる」という意味を表す

68　古英語から中英語にかけての時代では，I ne say. I ne say not. I say not.（どの文も I don't say. の意味を表します）のような 3 つの否定の形が混在していました。ne は否定を表します。I ne say not. の not は，現在の nothing にあたります。ですから，I ne say not. は I don't say nothing. のように「二重否定」になりますが，この当時はこの構文は二重否定ではなく，単なる否定文と同じ意味を表していました。つまり，not は否定の意味を強めていただけです。

使役の動詞でもありました。これが現在の do の元々の姿だったのです。

　この do はその後，次第に使役の意味が薄れていき，疑問文や否定文での文法的な標識と，「～する」という動詞での意味のみの機能となりました。その背景には，屈折が消失した後の「主語＋述語」という英語の語順を遵守したいということも働いていたと言われています。つまり，**do を挿入することで，**「**英語の平叙文の語順（SVO）を変える必要がない**」ということです。屈折によって文の意味を表していたその屈折がなくなり，文の意味を語順に頼ることになったにもかかわらず，その大事な語の順番が入れ替わるようでは，どれが主語か，どれが目的語か分からなくなってしまいますね。

　下の（41）を見てください。（41b）のように does を使用すれば，疑問文になっても（41a）の平叙文の時と同じ SVO の語順を保つことができるわけで，意味の理解には苦労しません。しかし，（41c）のように does を使用しないで動詞を前置させると，本当に文の意味を理解するのが難しくなります。もちろん，先に見たように，ドイツ語などでは do が挿入されず，VSO？ の語順で疑問文になるわけですが，そういった言語では動詞や名詞，冠詞などの屈折が豊かにあるので，文の意味理解には支障がないのだと思います。

(41)　a. <u>The girl sitting under the big oak tree</u> <u>loves</u> <u>the dishes Taro</u>
　　　　　<u>makes</u>. (SVO)
　　　b. Does <u>the girl sitting under the big oak tree</u> <u>love</u> <u>the dishes</u>
　　　　　<u>Taro makes</u>？ (Do+SVO？)
　　　c. *<u>Loves</u> <u>the girl sitting under the big oak tree</u> <u>the dishes</u>
　　　　　<u>Taro makes</u>？ (VSO？)

　否定文では，do not を使用することで，他の助動詞の will not や cannot などと同じ形を取ることができ，統一感も増し，すっきりした形となりますね。このように，否定文でも do を使用するのが役立つことが分かります。（42）にあげた例を参考にしてください。

(42)　a. Mary will not go to New York.

　　　b. John cannot swim well.

　　　c. My brother does not work hard.

　それでは，2つの要素を結びつける「連結辞（コピュラとも言われます）」としてのbe動詞の疑問文や否定文には，なぜdoが挿入されないのでしょうか？　おそらくそれは，**be動詞が文頭に来ても，文の意味を理解するのにほとんど問題が生じないから**だと思います。連結辞としてのbe動詞は，主部と同じ種類の要素が述部に来て，両者を「イコール」で結びつける働きをしています。(43) において，be動詞が前置しても，London a wonderful city? の部分で意味の理解に困難を生じさせません。ですから，わざわざdoを挿入して，SVOの語順を遵守する必要がないのだと思います。

(43)　a. London is a wonderful city. (S = C)

　　　b. *Does London be a wonderful city?

　　　c. Is London a wonderful city? (S = C)

　さて，「A is B」として使用されるbe動詞について，少々捕捉します。このbe動詞はほとんど文法的な働き（主語の人称や数，そして時制を示す）しかありません。よって，be動詞を日本語に訳すのは難しいでしょう。「be＝〜です」ではありません。[69]　Mary is beautiful. は「メアリーは美しいです」と言わなくても，形容詞などが述部に来た場合，日本語では「メアリーは美しい」と表現するのが一般的です。しかし，私たちは，このbe動詞を「〜です」だと初学者に教える場合が多いと思います。そうしないと，be動詞に相当する日本語が「ない」ことになり，初学者を混乱させてしまうと，多くの教師は考えているのだと思います。このようなことを考慮すれば，ひとまずは，

---

[69]　日本語の「です」は，一般に「助動詞」という文法範疇に属します。「である」「だ」の丁寧表現です。

「be ＝〜です」という教え方でも「あり」かもしれません。[70]　しかし，早晩，連結辞としての be 動詞の役割を，高校生あたりの中級学習者には，ちゃんと整理して明確に教えるべきでしょう。もう１つ。**連結辞の be は日本語の「は」に相当するものでもありません。**しかし，両者は同じ位置にあるために，学習者の中には「be ＝ は」だと思っている人もいますので，教師は注意が必要です。

(44)　a. London　is　a　wonderful　city.
　　　　　ロンドン（です）（１つの）すてきな　　街
　　　b. Mary is beautiful.
　　　c. メアリーは美しい。

　(37e)「規範文法家が数多く現れた」について解説します。**「このようにことばを使うべきである」と規定された文法のことを規範文法（prescriptive grammar）と言います。**[71]　私たちはある表現が「正しい」かどうか知るためには，辞書や文法書を参照します。そして，そこには，「このような言い方をする」ことが書かれています。しかし，ここでもう少し深く考えてみると，「正しい言い方って何だろう？」という疑問がわきます。誰が「正しい」と決めたのでしょうか？　言語のことをとてもよく知っている人たちの判断なのでしょうか？　それとも政府の役人が決めたのでしょうか？　たとえば，以下の日本語の表現はどうですか？　皆さんは「良い」と判断されますか？　それとも「良くない」と判断されますか？

---

[70]　もちろん，「存在する」という意味がある場合も be 動詞で表します（例：I think, therefore I am. 我思う，ゆえに我あり。）から，be 動詞がいつも「語彙的意味を持っていない」というわけではありません。ここでは，２つの同価のものを結びつける連結辞として使用される場合（この用法が一番多いのだと思います）を話題にしているとお考え下さい。

[71]　一方で，巷で使用されているがままのことば遣いを記述するものを記述文法（descriptive grammar）と言います。

(45)　レストランで

a. この中華，ぜんぜんおいしいね。　　（＝ とってもおいしい）

b. このイタリアン，普通においしいね。　（＝ とってもおいしい）

c. このフレンチ，やばい！　　　　　　（＝ とってもおいしい）

　英語でも同じようなことが起こっています。次の例は堀田（2011：127）に基づいた英語の例ですが，1986 年にイギリスの BBC ラジオが視聴者に「もっとも忌まわしいと思う文法間違い」を 3 点あげてほしいと頼んだ，その忌まわしい間違いのベスト 5（46b, d, f, h, j）だということです。しかしながら，たとえば，歴代のアメリカ大統領やイギリス首相なども公に（46b）のように，between you and I を用いているということです。

(46)　その言い方，正しい？　正しくない？

a. This is just between you and me.

b. This is just between you and I.

c. It is difficult for me to answer the question quickly.

d. It is difficult for me to quickly answer the question.

e. I saw only Jane.

f. I only saw Jane.

g. None of the books was interesting.

h. None of the books were interesting.

i. Your experience is different from mine.

j. Your experience is different to mine.

(46d) ですが，「to 不定詞の間に副詞句などを入れて分離するなかれ」という意見もあるようです。(46f) は，only がこの位置にあるときは saw を修飾することとなり，「（他のことはしないで）ジェーンに会っただけだった」という意味であり，(46e) の「（他の人には会わないで）ジェーンだけに会った」

と同じ意味では使用できないという意見です。(46h)の場合，主語は none
であり，none は単数扱いの代名詞で，呼応する動詞は複数形ではなく単数形
でなくてはならないという意見です。(46j)は，different に続く前置詞は
from であって to であってはいけないという意見です。しかしながら，現実
に使われている英語では，46b，d，f，h，j で示した表現が少なからず使わ
れています。

　さて，規範的な用法を書き記す「英文法書」はいつ頃からできたのでしょう
か？　それを解説するためにはイギリス史の話をここでもしなければなりませ
ん。16 世紀後半，具体的には 1588 年ですが，イギリス軍はそれまで「太陽
の沈まぬ国」と言われるほど世界に進出していた強国スペインの海軍である
「無敵艦隊（アルマダ）」をエリザベス 1 世の陣頭指揮のもと，みごとに撃破し
ました。[72]　イギリスは，この勝利により国の威信を大いに高めることができ
ました。さらに，ウィリアム・シェイクスピアが多くの劇作を書いたり，探検
家ウォーター・ローリー（1552〜1618 年）が新大陸を目指したり，北アメリ
カに植民地のジェイムズタウンが建設されたりし，国全体が活気に満ちてくる
ようになりました。

　**国威が発揚する中で，自分たちの使用する英語に対する自信も高まってきま
した。**当時のヨーロッパのキリスト教国において，前述したように，ラテン語
は聖書が書かれていることばでもあり，最も権威ある言語でした。ラテン語は
「神のことば」であったのです。そのような社会状況の中で，イギリス人たち
は自分たちの使う母語（英語）をラテン語に追い付き追い越そうと考え始めま
した。その一環として，**権威ある規範的な英語の文法書が必要となってきます。**
ラテン語には 1000 年以上も前から変わらない規範的文法書があったのです。
このような経緯から，英語に関する多数の規範文法書が次々と執筆されるよう

---

[72] オランダの独立を援助するイギリスに対して，それを認めないスペインは大艦隊を派遣し，両国は戦うこと
になりました。旧式の接近戦で臨むフェリペ 2 世率いるスペイン軍に対し，軽砲装備の小型船で戦うイギリ
ス軍は，ドーバー海峡の悪天候も味方し，大勝利をあげました。

になりました。その中でも，最も有名だった1冊として，**1762年にロバート・ラウス（Robert Lowth）の書いた** *A Short Introduction to English Grammar* をあげておきます。

　さて，ここで考えたいことは，「英語ではこのようなことば遣いをする」という規範の元は何なのだろうか，ということです。つまり，何をもって正しいことば遣いと決めるのかということです。どうやらこの当時は，ある語法が英語として「論理的」であるか，そしてその判断は「合理的」であるかどうかという基準から，正しいことば遣いの基準を決めていったようです。たとえば，当時の人たちは普通に使用していたようですが，I don't know nothing.（いわゆる，二重否定の文）を，「僕は本当に何にも知らないんだ」という，否定の強い意味を表すためには使ってはいけないと規範文法家たちは主張しました。なぜなら，そもそも2回否定するということは，否定の否定であるから肯定の意味になるはずだ，という論理です。その背後には，お手本とする理性的なラテン語文法書からの影響が強かったのです。

　規範的な話し方の基準にするのであれば，「高貴な身分の方々の話すことば遣い」をその基準にする方法もあるでしょう。たとえば，王族とか貴族とかの話す話し方です。しかし，近代英語期時代のイギリスはそのようにはしませんでした。というよりも，そうすることができなかったのです。なぜならば，1066年のフランス人によるイギリス統治（「ヘースティングズの戦い」での敗北）以来，フランス系の王朝が続いたからです。その後も長らく「外国人」の開いた王朝が続きました。中には，ほとんど英語を話せないまま王に君臨した人もいました。よって，18世紀の前半まで，規範とすべき品格のある英語を話す国王や王族がほとんどいなかったのです。（47）にイギリスの王朝の系譜を載せておきます。

（47）ノルマン朝以降のイギリスの王朝

　　　ノルマン朝（創始者はフランス系。1066年 – 1154年）

　　　　⇒プランタジネット朝（フランス系の流れをくむ。1154年 – 1399年）

⇒ランカスター朝・ヨーク朝

（フランス系の流れをくむ。1399 年 – 1485 年）[73]

⇒チューダー朝（創始者はウェールズ系。1485 年 – 1603 年）

⇒スチュアート朝

（創始者はスコットランド系。1603 年 – 1714 年（一時中断あり））

⇒ハノーバー朝（ウィンザー朝）（創始者はドイツ系。1714 年 – 現在）[74]

　一般の人々にとって，拠り所となる規範文法が必要だったのは，正しいこと
ば遣いを身につければ，社会的な信用を得られ，世の中に認められ，出世する
こともできるからでした。実は，この規範文法的な考え方は，現在まで脈々と
生き続けています。**私たちが学校で習う「学校英文法」も，この近代英語時代
の規範文法を基にしたものです。**

現代英語期：1900年 – 現在

　1900 年代，つまり 20 世紀から現在までの英語を現代英語（Present-Day
English, PE）と称します。私たちが現在使用している英語のことです。もちろ
ん，この 100 年余りの間にも英語は少しずつ変化していますが，過去においての変化ほどには激しい変化を経験していません。むしろ，英語を話す国や地
域が拡大し，さまざまなバリエーション（変種）の英語が誕生してきた時代で
す。この 100 年余りで，イギリスからアメリカへの覇権の移行などはありま
すが，どちらも英語を話す国であり，英語は現代のリンガ・フランカとなった
のです。現代英語の特徴についてはすでに述べてありますので，以下では，

---

[73] この期間に，プランタジネット家の親戚筋であるランカスター家とヨーク家から交代に王が出ているので，
1 つにまとめました。

[74] 第一次世界大戦中の 1917 年，当時のイギリス国王ジョージ 5 世（在位 1910〜1936 年）は，敵国ドイツ
の名前であるハノーバーを避け，王宮のあるウィンザー城にちなんでウィンザー家と改称しました。そのた
め，1917 年以降はウィンザー朝と称していますが，ハノーバー朝の続きであります。

20世紀以降，最も影響力を持つようになった，アメリカ英語を中心に見ていくことにします。

 # 英語圏のバリエーション

アメリカ合衆国とアメリカ英語

　国の歴史を考えれば分かることですが，アメリカ英語の歴史はイギリス英語の歴史に比べてずっと短いです。わずか400年ぐらいしかありません。1607年，イギリス人の開拓者たちが現在のアメリカ合衆国バージニア州のジェームズタウンに入植を開始しました。[75]　日本では江戸幕府が開府したころにあたります。彼らの多くがイギリス中西部の出身でした。さらに1620年には，信仰の自由を求めて，絶対王政下のイギリス（当時はチューダー朝からスチュアート朝に代わったばかりです）から，メイフラワー号で現在のアメリカ合衆国マサチューセッツ州のプリマスに降り立った102人の人々がいます。[76]

　その後も続々とイギリス各地から移住者がやって来るわけですが，17世紀にアメリカに渡っていったイギリス人たちは，当地で17世紀のイギリス英語（近代英語期の英語）を話していました。つまり，シェイクスピア（1564 – 1616年）の英語と似たような英語を話していたことになります。

　17世紀から21世紀の現在まで400年が経ちました。「言語は変化する」の鉄則通り，**「アメリカ英語」**ということばをしばしば耳にします。事実，イギリス本国の英語とアメリカ合衆国の英語とでは若干の違いが出てきています。[77]　アメリカ合衆国とアメリカ英語の世界的拡大は，第二次世界大戦以降，

---

[75]　当時のイギリス国王ジェームズ1世（在位1603〜1625年）にちなんでこう名づけられました。

[76]　その内の35人がピューリタン（清教徒）だったそうです。

[77]　イギリス本国の英語自体も，近代英語期から現代英語期へと変化していったのは上述したとおりです。

特に大きなものがあります。政治力，経済力，そしてポップカルチャーを中心とする文化的影響力が抜きん出ていたからです。

　日本では，第二次世界大戦敗戦後の1945年から現在に至るまで，長期にわたり，良くも悪くもアメリカから大きな影響を受けてきました。スポーツの世界でも，たとえば，日本プロ野球の「外国人助っ人」と呼ばれる人たちも，アメリカの野球界からやってきました。[78]　子どものころ，日本にいる西洋系の外国人は「全員がアメリカ人」だと思っていた世代もいると思います。日本の英語教育でも，アメリカ英語は大きな影響力を及ぼしていることは前述したとおりです。

　さて，**400年余りのアメリカ英語の歴史ですが，時代区分により3つに分けることができます。**[79]　(48) をご覧ください。第1期が開始される1607年は，イギリス人がアメリカに入植を始めた年で，終わりの1790年はアメリカの独立宣言が最終的にアメリカ全州で同意（批准）された年であり，アメリカの植民地時代が終了した年です。第2期は，領土の獲得・買収や西部開拓で国土が大幅に広がったことだけでなく，イギリスのみならず，アイルランドやドイツなどの他のヨーロッパの国々からの移民，さらにアジアからの移民も含め，アメリカの人口が大幅に増えた時期でもあります。さまざまな言語を話す人々の交わりは，19世紀を中心としたアメリカ英語の成長期の時代です。

(48) アメリカ英語の歴史的3区分
　　　第1期：1607年 – 1790年　アメリカ英語の形成期
　　　第2期：1790年 – 1920年　アメリカ英語の成長期
　　　第3期：1920年 – 現在　アメリカ英語の拡大期

78　しかしながら，彼らの実際の国籍としては，中南米の人も大勢いたというのが実情です。とは言え，私たちの大多数は，彼らはみんな「アメリカ人」だと思っていました。このような事情が大きく変わった1つの要因に，1993年にサッカーJ. リーグが設立されたことがあげられると筆者は勝手に思っています。アメリカ人ではなく，ヨーロッパ，アフリカ，中南米出身の選手が大勢来日し，私たちは世界にはいろいろな国，地域があることを再認識しました。

79　堀田 (2011 : 143)

　世界中からさまざまな言語を話す人々がアメリカに移民したことは，アメリカ人の話す英語と彼らの言語とが接触・混合し，アメリカ英語がイギリス英語から離れ，独自の路線を歩み始める大いなるきっかけとなりました。**独立宣言をした（1776 年）アメリカ合衆国は，国としてだけでなく，言語としてもイギリスから独立したかったのです。**もともと，借用語が多い英語（イギリス英語）でしたが，アメリカでの英語には，さらに多くの言語からの借用語が入りました。また，新しい国，新しい国民としての「アメリカ人」の気質を反映した口語表現，俗語表現がたくさん作られたのもこの第 2 期です。

　この時期に，アメリカ人の辞書編纂者である**ノア・ウェブスター（Noah Webster**, 1758 - 1843）が登場しました。彼は 1828 年に，*An American Dictionary of the English Language*（『アメリカ英語辞典』）を出版しました。[80]　俗語や学術用語なども収められ，正確な定義や語源の解釈などに特色がありました。しかし何といっても，アメリカ英語独特の単語と用法に詳しく，出版以後のアメリカ英語の発展に多大なる貢献をしました。具体的には，ウェブスターは，colour ⇒ color，centre ⇒ center など，イギリス式綴りの不合理性の改革を行いました。ウェブスターもやはり，独立国アメリカとしての自負とプライドを強く持っていた人であり，言語の面からもアメリカを独立させたかったのだと思います。

　第 3 期は，第 1 次世界大戦が終了した 1920 年ごろから現在までの時期で，アメリカ英語の拡大期と呼ばれる時期です。第 1 次世界大戦後のアメリカは，戦勝国の 1 つということもあり，広大な国土と資源を背景に，世界 No. 1 の大国へと成長していきました。それに付随する形で，イギリス英語を凌駕し，アメリカ英語が世界の主流となっていきました。この傾向は 21 世紀の現在まで続いており，本家のイギリス人でさえも，アメリカ英語の表現を使用する人

80　この辞典は，現在でも *Webster's Third New International Dictionary of the English Language* として知られています。『メリアム・ウェブスター辞典』とも呼ばれます。今なお，世界で最も権威ある英語辞典の 1 つです。

も増えてきているのが現状です。

　では，具体的に，アメリカ英語の特色とは何でしょうか？　イギリス英語とどのくらい違うのでしょうか？　以下概観していくことにしますが，その前提として，**「アメリカ英語とイギリス英語を単純に比較することは難しい」**ということをお断りしておきます。なぜなら，現在のイギリス英語もいくつかの方言に分かれています。同様に，イギリス英語の方言同士ほど互いの相違はありませんが，アメリカ英語も大きく３つの方言地域に分かれています。ですから，どの地域をサンプルに，イギリス英語とアメリカ英語を比較するかということで話は随分と違ってきます。

　広大な国土にもかかわらず，イギリス英語に比べて，アメリカの３つの地域での方言差が少ないというのも特色ですが，地域差がないわけではありません。３つの方言地域とは，ニューイングランドとニューヨーク州を中心とした地域で話されている**北部方言**（Northern Dialect），オハイオ川以南，ミシシッピー川以東の州で話されている**南部方言**（Southern Dialect），そして国土の4/5の地域，全人口の2/3が話していると言われる**中西部方言**（Midwestern Dialect）です。中西部方言は**「一般アメリカ英語（General American, GA）」**

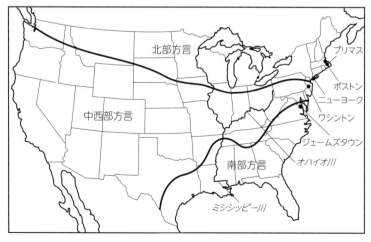

図4. アメリカの方言区分（八木克正編（2007）『新英語学概論』p. 43 英宝社などを参照）

とも言われています。前ページの地図を参照してください。

　本章で比較するイギリス英語（英）とアメリカ英語（米）の基準は，**イギリス英語は RP（Received Pronunciation，イギリス容認発音）で，アメリカ英語の方は圧倒的に広い範囲を覆っている中西部方言**ということにします。RP というのは，元来は，イギリスの公共放送局 BBC のアナウンサーや，パブリックスクールの生徒など，「教養あるイギリス人」と言われている人々が話す英語と言われてきましたが，現在ではそのような階級的特色は薄れており，「イギリス英語発音の典型」であると考えればよいと思います。

　以上を前提に，大枠を述べれば，イギリス英語とアメリカ英語の主要な相違は，「発音と語彙の面」だと言えます。以下ではその 2 つの比較に加えて，文法的相違についても概観してみます。

● 英米語の発音の相違

　筆者の個人的感想も含めて，アメリカ英語とイギリス英語で最も異なると感じられるところは，音声面だと思います。上述したように，アメリカ国内，イギリス国内でも，地域によって発音は異なりますが，一般的に**アメリカ英語では，音の脱落（elision／reduction），連結／リンキング（linking），同化（assimilation）と呼ばれているさまざまな音変化がよく起きます。**このような音変化が原因で，私たちが英語を聞き取るときに苦労するのです。

　音の脱落とは，アクセントのない弱い音を脱落させることです。とくに，自然な会話のスピードで話されるときに脱落がよく起きます。ゆっくりと発話した時には発音される音が，少々速いスピードの発話になると省略される傾向にあります。発音されなくなる分だけ単語・文が聞き取りにくくなります。代名詞などは音が脱落する典型的な項目です。たとえば，him /hɪm/ ⇒ /ɪm/，her/hər/ ⇒ /ər/，them/ðem/ ⇒ /em/ のように音が脱落します。

　連結／リンキングとは，単語の語尾音と続く単語の語頭音の間に別の音が挿入されることを言います。たとえば，「リンキング r」という現象がありますが，これは，far away の場合，/r/ が挿入されて，/fɑːrəweɪ/（ファアラウェ

イ）という発音になるのが一般的です。

　同化とは，語と語の音がつながって別の音に変化したり，新たな音を作り出したりすることを言います。同化には 3 種類あり，後ろの音が前の音に影響を与える逆行同化（例：ten boys:/ten bɔɪz/ ⇒ /tembɔɪz/，前後の音が互いに影響し合って別の音を作ってしまう融合同化（例：don't you know/dɔʊnt juːnoʊ/ ⇒ /dɔʊntʃuːnoʊ/，そして前の音が後ろの音に影響を与える進行（順行）同化があります（例：looked が，/lʊkd/ ではなく，/d/ が /k/ に影響を受け，/lʊkt/ と無声子音になる）。ただし，進行同化はあまり多く起こりません。音が変化するため，語レベルでの発音とは異なる音になったりします。単語内だけでなく，単語間で音がつながったり，変化したり，発音しなくなったりするのです。たとえば，wanna (= want to)，gimme (= give me)，hadda (= had to)，lemme (= let me)，leggo (= let go) などがあり，特にアメリカ英語では多いと思います。その結果，実際の単語の連続（つまり，文全体の発音）と，1 つ 1 つの個別発音とが一致しなくなる場合が多くなります。それに対して，イギリス英語の方は，比較的一語一語をきちんと発音するようなイメージです。

　英米語の文全体のイントネーションの違いは，単純に，上昇調をよく使うか，下降調をよく使うかでも違いがあります。たとえば，Are you angry? や Do you like bananas? といった Yes/No 疑問文でこの違いが顕著に現れます。アメリカ英語では基本的には上昇調で発話されますが，イギリス英語では下降調で発話されることも多いと思います。また，アメリカ英語では，母音の間の /t/（例：party /paːtɪ/，later /leɪtər/）が，/r/ や /d/ に変わって発音されることが多いです（/paːrɪ/，/leɪrər/・/leɪdər/）。カタカナで表せば，party が「パーリィ」，later が「レイラー」や「レイダー」になったりします。一方，イギリス英語では，このような場合も /t/ で発音する人が多いため，日本語にすれば「パーティ」や，「レイタ（ー）」のような発音になります。イギリス英語の方が，カタカナに近い発音と言われることが多いのは，このような発音の仕方が影響しているのかもしれません。

　その他の主要な英米語の発音の相違を表6にまとめました。4項目載せて
あります。まず，(a) アメリカ英語では語末の /r/ を発音しますが，イギリス
英語ではしません。(b) ask などの発音ではアメリカ英語では /æ/，イギリ
ス英語では /ɑ:/ です。(c) go などの発音では，アメリカ英語は /oʊ/ です
が，イギリス英語では，もう少し口のまん中寄りで発音する /əʊ/ となります。
(d) hot などは米：/ɑ/（口の開きが大きい），英：/ɔ/（口の開きが / ɑ / ほどは
開かない）となります。

表6．英米語のその他の発音の相違

アメリカ英語	イギリス英語
(a)　語末の /r/ を発音する：car/kɑər/, door /dɔər/, star /stɑːr/	語末の /r/ を発音しない：car /kɑː/, door /dɔː/, star /stɑː/
(b)　/æ/：ask /æsk/, can't /kænt/, dance /dæns/	/ɑː/：ask /ɑːsk/, can't /kɑːnt/, dance /dɑːns/
(c)　/oʊ/：go /goʊ/, home /hoʊm/	/əʊ/：go /gəʊ/, home /həʊm/
(d)　/ɑ/：hot /hɑt/, not /nɑt/	/ɔ/：hot /hɔt/, not /nɔt/

● 英米語の語彙と綴りの相違

　アメリカ英語とイギリス英語での語彙の相違を表7にまとめました。ここ
ではあくまでも代表的な語彙の相違をあげただけですから，まだ他にもありま
す。この表からも，**日本ではアメリカ英語の語彙を外来語として借用している**
ことが分かりますね。アメリカ英語の表現に慣れている私たちは，イギリスへ
旅行・留学する際にはイギリス式の表現を勉強しておくと良いでしょう。

表 7. アメリカ中西部方言（GA）とイギリス英語（RP）の語彙の相違例

日本語	アメリカ英語	イギリス英語
アパート	apartment	flat
エレベーター	elevator	lift
サッカー	soccer	football
郵便	mail	post
秋	fall	autumn
携帯電話	cell phone	mobile phone
電話をかける	call	ring
映画	movie	film
ゴミ	garbage/trash	rubbish
地下鉄	subway	underground/tube
地下道	underpass	subway
セーター	sweater	jumper
酒場	bar	pub
1 階	first floor	ground floor
ズボン	pants	trousers
ポテトチップ	potato chip	crisps
フライドポテト	French fries	chips
スニーカー	sneakers	trainers

トウモロコシ	corn	maize
炭酸飲料	soda (pop/ soft drink)	fizzy drink
コピー機	Xerox	photocopier
街の中心地	downtown	city centre
薬局	drugstore	chemist / pharmacy
伝票	check	bill
トイレ	restroom	toilet / lavatory

表8にはアメリカ英語とイギリス英語での綴りの相違について載せました。この表からも，**日本ではアメリカ英語的な綴り字を学習している**ことがよく分かります。

表8．英米語の語彙の綴りの相違

綴り	アメリカ式	イギリス式
-er/ -re	center, theater	centre, theatre
s/ c	defense, license	defence, licence
o/ ou	color, favorite	colour, favourite
l/ ll	traveling, counselor	travelling, counsellor
a/ e	gray	grey
ck/ que	check	cheque

m/ mme	program	programme
z/ s	realize, organization	realise, organisation
—/ e	judgment	judgement
動詞の過去形	dream—dreamed learn—learned	dream—dreamt learn—learnt
動詞の過去分詞形	get—got—gotten	get—got—got

● 英米語の文法的な相違

　イギリス英語はアメリカ英語に比べて，現在完了形（have＋過去分詞）を使う頻度が高いと一般に言われています。アメリカ英語では過去形で言い表すようなことも，イギリス英語では現在完了形を使って表現したりします。次の英文を比較してみてください。

(49) 英米語の相違：過去形と現在完了形

　　　a.（米）I lost my cell phone.（携帯電話を失くしてしまった）

　　　b.（英）I've lost my mobile phone.

　　　c.（米）Did you have dinner yet?（夕食をもう食べましたか？）

　　　d.（英）Have you had dinner yet?

また，別の顕著な相違として，「持っている」の表現があります。この場合，アメリカ英語では have を用いますが，イギリス英語では現在完了形を使い，have ＋ got で表現する場合が多いです。空港での入国審査の場面を取り上げてみましょう。滞在目的や日数の他に，帰りの飛行機のチケットを持っているかどうか聞かれることがあります。「〜を持っていますか？」と尋ねるときに，"Do you have ...?" という表現を使うのがアメリカ式で，イギリス式では現在完了形を使って "Have you got ...?" と尋ねることが多いです。疑問文だ

けでなく肯定文でも have の代わりに have + got をよく使います。イギリス人から "Have you got ...?" と尋ねられたときには戸惑わないでください。

(50)　英米語の相違：Do you ...? と Have you got ...?

　　　a.（米）Do you have the return ticket?

　　　　　　　　　　　　　　　　　　（帰りのチケットを持っていますか？）

　　　b.（英）Have you got the return ticket?

　　　c.（米）I have a reservation at 8 o'clock.

　　　　　　　　　　　　　　　　　　（8 時に予約をしてあります）

　　　d.（英）I've got a reservation at 8 o'clock.

その他のアメリカ英語とイギリス英語の文法的相違を表 9 に載せます。

表 9.　その他の英米語の文法的相違

	アメリカ英語	イギリス英語
単数扱いか 複数扱いか	Our team is playing now.	Our team are playing now.
助動詞 will/shall と need	They will go now. John doesn't need to go.	They shall go now. John needn't go.
冠詞の有無	in the hospital	in hospital
前置詞：on か at か	on the weekend	at the weekend
前置詞：on か in か	on the train	in the train
年月日の順番	Jun 10th, 2020	10th Jun, 2020

● アフリカ系アメリカ人英語

　1600年代の前半から，西アフリカから奴隷としてアメリカ大陸に連れて来られた人々をルーツに持つアフリカ系アメリカ人の話す英語のことを，**African American Vernacular English（AAVE）（日本語訳では，アフリカ系アメリカ人英語，または黒人英語）**と言います。[81]　奴隷となった人たちは，奴隷船の中で，他の部族の人々やヨーロッパ人と意思疎通を図るために，**ピジン英語**を習得しました。[82]　その後，奴隷として働いたアメリカ南部で，「**プランテーション・クレオール**」と呼ばれることになる独特の英語を発達させていきました。これが AAVE の元となっています。[83]

　次の例は田中・田中（2012）から採用したものです。[84]

(51)　One day <u>atter</u> Brer Rabbit <u>fool 'im wid dat</u> calamus root,

　＝ One day <u>after</u> Brer Rabbit <u>fooled him with that</u> calamus root,

　　（ある日，ウサギくんにショウブの根のことでだまされたキツネくん，）

---

[81]　アメリカ合衆国に住むアフリカ系アメリカ人が全員，AAVE を話しているわけではないことにも注意してください。標準的なアメリカ英語を話している人たちも大勢います。合衆国初のアフリカ系アメリカ人として大統領になったバラク・オバマ氏は AAVE の話者ではありません。

[82]　ピジン言語とは，複数の言語が使用されている地域や環境で，2つ以上の言語が交じり合って単純化されてできた言語のことを言います。特に，16世紀以降，アジア，アフリカ，中南米，ハワイなどのヨーロッパの植民地で生まれ，使用されました（白畑・冨田・村野井・若林，2019）。ピジン英語というのは，英語を基に他の言語の要素が加味されて作られた（簡略化された）言語のことを言います。初期段階のピジン言語では，語順などの文法がまだ確立されておらず，時制，相，モダリティなどは表面的には表れていないのが一般的です。

[83]　クレオール言語というのは，ピジン語を話す親や共同社会のもとで，それを母語として習得した子どもたちの話す言語のことです。よって，ここでのプランテーション・クレオールというのは，アメリカに奴隷として運ばれていき，大農園で働かされていた人たちに子どもたちが生まれ，さらに孫が生まれ，その子たちの話すようになった，ピジン英語から発達した，英語を基にした言語ということです。

[84]　田中・田中（編）（2012：59）より引用。

(51) の例からわかることは，発音上の特色として，子音連結を避ける（after /ǽftər/ ⇒ atter /ǽtər/），語頭や語末の子音を脱落または弱化させる（him ⇒ 'im, fooled ⇒ fool），歯摩擦音（/θ/ や /ð/）が歯茎閉鎖音（/t/ や /d/）になる，つまり，舌尖が奥に下がる）（with /wɪð/ ⇒ wid /wɪd/, that / ðæt/ ⇒ dat / dæt/），などの特徴が見てとれます。

　その他の特徴として以下のようなものがあげられます。(52a) は進行形の表現ですが，be 動詞が省略されます。(52b) は「be + doing」の形で，あることを習慣的に続けていることを表します。(52c) は連結辞を省略する例です。(52d) は三単現 -s の省略と可算名詞の -s を省略している例です。一方で，(52e) は複数名詞形に過剰に -s を付加する例です。(52f) は二重否定になっていますが，一般的な二重否定の意味ではなく，単純に否定を表しています。繰り返しますが，AAVE を話す人たちにとっては，これらの英語は誤りではないということです。彼らにとっては，こうした言い回しが適切な語法であることに注意したいものです。

(52)　AAVE のその他の特徴

　　　a. John workin'.　(= John is working.)
　　　b. John be workin'. (= John is habitually working.)
　　　c. John very cool. (= John is very cool.)
　　　d. John play the guitar, but the other boy don't.
　　　　　　　　　　(= John plays the guitar, but the other boys don't)
　　　e. We met three womens. (= We met three women.)
　　　f. John didn't say nothing. (= John didn't say anything.)

　その他，詳細は割愛しますが，アメリカ合衆国内での別の変種に，ヒスパニック系アメリカ人英語，スパングリッシュ（Spanglish），があります。これは，中米，南米のスペイン語を母語とする国々からの移民の増加により起こっていますが，**語単位，文単位で英語とスペイン語が混合する，一種のコード・スイ**

ッチング（code switching）のようなものです（例：Hola, good morning, cómo estás? ⇒ Hello, good morning, how are you?）。

カナダとカナダ英語

　カナダは連邦制に基づく立憲君主国で，英連邦の1つになっています。最初期はフランスの植民地でしたが，七年戦争後のパリ条約（1763年）によって北アメリカ大陸のフランス植民地がイギリスに割譲され，それ以後はイギリスの植民地となりました。[85]　そして，1864年，イギリスの4植民地が連邦を結成してカナダとなり，1867年にイギリス連邦カナダ自治領になりました。1931年，外交自主権を獲得し，完全な独立国となりました。カナダにはさまざまな背景を持つ人々が暮らしていますが，イギリス系が3分の1を占めて最も多く，次はフランス系で4分の1ぐらいです。カナダ成立の歴史から，カナダ英語の綴りや語彙の一部はイギリス英語的なものになっています。

　18世紀後半，アメリカ独立戦争が勃発すると，愛国派の攻撃から身を守るため，アメリカから多くの王党派がカナダに移住し定住しました。陸続きのアメリカ合衆国からの影響は現在に至るまで大きく，カナダ英語はアメリカ英語的な要素も持ち合わせることになりました。さらに，19世紀にはスコットランド人，20世紀後半から現在に至るまで，中国（香港），中南米からの入植者も増えています。現在のカナダ英語には多言語からの影響が少しずつみられるようになりましたが，**基本的にはカナダ英語は均一性が高く，方言格差が少ないと言われています。**

　カナダ英語で有名なものに，上昇調で用いて，驚きや疑いを示したり，相手に繰り返し・返事・同意を促したりする際に使用する間投詞，eh /eɪ/ があり

85　七年戦争というのは，1756年から1763年までの7年間，ヨーロッパのプロシアとオーストリアの間で戦われた戦争のことです。この戦争に関連して，ヨーロッパ以外の地である北アメリカ，インドの植民地でもイギリスとフランスが戦いました。戦争の結果，フランスは敗れ，カナダとインドの植民地を失いました。

ます。Wasn't it splendid, eh?（どうだ，素晴らしかったじゃないか）などと使用します。発音面では，二重母音である /aɪ/ の第1母音がもう少し口のまん中から発音する /ʌɪ/ に，/aʊ/ もやはり，/ʌʊ/ となるように，最初の母音があいまい母音で発音されるようになります。この現象は**カナダ式繰り上げ (Canadian raising)** と呼ばれています。語彙の面では，gasbar（ガソリンスタンド），hydro（水力電気），parkade（駐車場ビル），two-four（ビール24個入りケース）などの独特の表現があります。[86]

オーストラリアとオーストラリア英語

　オーストラリアへヨーロッパ人が入植し始めたのは，1788年にイギリスの流刑地となったことが始まりです。罪を犯してオーストラリアに運ばれた囚人の多くがイギリス南東部の貧しい労働者階級の人たちでした。囚人以外にも，アイルランド独立運動にともなう政治犯や，イギリス政府や社会に対する不満が原因で反乱を起こして逮捕された人々なども含まれていました。オーストラリア英語の原型は，これらの人々の話す方言が融合した結果だと言われています。特に，イングランド南東部出身者の数が圧倒的に多かったため，彼らの使う「ロンドンの下町訛りの強い英語」，つまり**コクニー (cockney)** 的な英語が，土台となっています。[87] コクニーとは，主として，ロンドンの下町（テムズ川以南）で用いられる地域方言のことです。発音で目立つ特徴は，語頭の /h/ が発音されなかったり（例：hello (/həloʊ/) が /əloʊ/（アロウ）に），rain (/reɪn/) が /raɪn/（ライン）に，そして th の /θ/ が /f/ に（例：three /θriː/ → /friː/），/ð/ が /v/（例：that /ðæt/ → /væt/ になったりします。

　広い国土にもかかわらず，国としての歴史が浅かったり，囚人以外の人々の入植も可能になった後からは，人々の移動が頻繁におこなわれたこともあった

---

[86]　酒井・朝尾・小林（編）（2017：122）より引用。

[87]　その他にも，先住民族であるアボリジニーの人々が話す「アボリジニー英語」があります。

ため，オーストラリア英語には地域的方言差があまり見られないという特徴があります。地域差よりも社会階層による差異があり，**イギリス英語の RP に近い英語である Cultivated Australian**（使用割合：20%）を話す上層階級の人々，中間的な特徴を持ち**一般市民の多くが話す General Australian**（使用割合：70%），そして，**ロンドンの下町のコクニー的特徴を持つ Broad Australian**（使用割合：10%）の 3 つに分類されます。

　オーストラリア英語の特徴として，まずは日常的に多用される表現を（53）にあげてみます。[88]

(53)　オーストラリア英語の特徴

 a. thanks：please と同じ意味で使用。例：Can I have a cup of tea, thanks?

 b. No worries.：No problem. の代わりとして使用。

 c. Reckcon!：I agree. の代わりとして使用。

 d. bloody：意味を強調する際に使用。You are a bloody fool!（おまえ，ほんとにバカだなあ！）　Mary hasn't eaten a bloody one since yesterday.（メアリは昨日からまったく何にも食べてない）

 e. Goodday!：あいさつのことば「やあ！」として使用。

 f. Good on you, mate!：あいさつのことば「元気？」として使用。

　次に，やはりオーストラリア英語の特色である，「ことばの短縮」，要するに，接尾辞や語尾の省略現象を（54）にあげたいと思います。

(54)　a. 語尾が /iː/ となる省略語

 Australian ⇒ Aussie, breakfast ⇒ brekkie, mosquito ⇒ mozzie sunglasses ⇒ sunnies, barbecue ⇒ barbie

---

[88]　田中・田中（編）（2012：77）より引用。

b. 語尾が /oʊ/ となる省略語

afternoon ⇒ arvo, journalist ⇒ journo, kangaroo ⇒ roo

c. その他の省略語

beautiful/beauty ⇒ beaut, McDonald's ⇒ Maccas, university ⇒ uni

　もう1つ，これは他の英語のバリエーションでは聞かないものだと思いますが，無生物名詞句や it の代わりに she が使われる場合があります。

(55)　a. She (= Everything) will be all right.

　　　b. She is (= It is) a beautiful day.

ニュージーランドとニュージーランド英語

　ニュージーランド（NZ）への初期の移民はイギリス全域から来ており，それぞれがニュージーランド英語を形成するのに影響を与えました。1840年にイギリスの植民地となり，隣国のオーストラリアからも移り住んでくる移住者も大勢いたことから，両国の英語には共通点が多くあります。オーストラリア英語同様，ニュージーランド英語も**社会階層差によって，Cultivated NZ English, General NZ English，そして，Broad NZ English の3種類**に分けられます。

　発音の特徴ですが，/æ/ が /e/ に近い音で発話される（例：animal が enimal, bag が beg のように），/e/ が /ɪ/ のように聞こえる（例：ten が tin, pen が pin のように），/ə/ が /æ/ のようになる（例：about /əbaʊt/ が /æbaʊt/ のように），/ɪə/ と /eə/ の区別がはっきりしない（例：here/ hair, beer/ bear, ear/ air の区別が曖昧），などの特徴があります。文法においてはオーストラリア英語とほとんど変わるところがないのですが，roof, wharf の複数形が rooves (<roofs), wharves (<wharfs) になるなどが特色としてあ

げられます。[89]

　ニュージーランド英語特有の表現もいくつかあります。(56) にその代表的なものを載せておきます。

(56)　ニュージーランド英語特有の表現

bach	別荘
dairy	コンビニ
jandals	サンダル
Kiwi	ニュージーランド人
sweet (as)	いいね
tramping	ハイキング

 # 英語の音声

　大学生に英語を教えていて，彼らの発音に関し，いつも思うことは，「もう少し練習をしないといけないのでは？」ということです。教科書の音読をしてもらうと，小さい声でボソボソとしか発音しない学生も少なからずいます。そういった学生に，これまでの英語の発音練習について質問すると，「中学，高校時代，声に出して英語を読んだことがほとんどなかった」と答える学生すらいます。

　もちろん，すべてを中学校，高等学校の英語教育のせいにするつもりはありませんが，**日本は英語の発音教育にもっと力を注ぐべきだと思います。**発音に自信がないと，人前で英語を話すのをためらってしまいます。すると，英語の発音がますます上手になりません。こういった悪循環を断ち切らなければなりません。英語を声に出して発音する練習をもっとすべきです。アウトプット活

---

[89]　田中・田中（編）(2012)

動（他者とのインタラクションの時間）が少なくなれば，英語能力の向上にはつながりにくいでしょう。1人でもできる音読練習も効果的だと思います。「通じる英語発音の指導」は重要です。英語教育にとって音声の指導はとても大切なことを再確認してください。本節では，教師が知っておくべき基本的な音声学習について解説していきます。

英語の発音が難しい諸要因

「声に出して英語を読もう」という根本的な課題とは別に，（57）にあげる事柄は日本語を母語とする英語学習者（Japanese learners of English, JLEs）が英語の発音に苦労する要因です。

（57）JLEs にとって英語発音の習得が難しい要因
　　　a. 日本語よりも母音の数が多い
　　　b.「あいまい母音」（/ə/）での発音が多い
　　　c. 二重母音（と三重母音）がある
　　　d. 日本語にはない子音がかなりある
　　　e. 音の脱落，同化，連結が多用される

以下では，音声についての基本的な用語を整理しながら，（57）の事象を1つずつ考察していきます。まずは母音の説明から始めます。

母音

私たちの発する音声は，その性質から大きく2つに分けることができます。それは，母音（vowel）と子音（consonant）です。母音は日本語で，「母なる音」と書くぐらいですから，音声の中心となる重要な音に違いありません。それでは，母音とはなんなのか，具体的にどのような特徴を持つ音なのでしょう

か？　大学生に，「母音って何？」と質問すると，「ア，イ，ウ，エ，オのこと
です」という答えが返ってきたりします。この答えは全くの間違いではありま
せん。なぜなら，この5つは実際に母音ですし，日本語の母音はこの5音だ
からです。しかし，残念ながら完璧な答えだとも言えません。つまり，「ア，
イ，ウ，エ，オ」が母音であるというのは，日本語やスペイン語など，母音の
数が5つの言語には当てはまりますが，たとえば英語のように，母音数が6
つ以上ある言語には当てはまらないからです。また，母音数が4つ以下であ
る言語も実際に存在します。[90]

　母音とはどのような音のことを言うのか，という質問に対して，最も簡潔な
答えは，「肺から出てきた空気の流れが，その流れを何ものにも邪魔されない
で，口から出てきた時の音」といった感じになると思います。ここで言う，
「何もの」とは，唇，歯，歯茎（しけい。歯が歯ぐきと接触している部分のこと），
そして舌などのことです。このような器官を**「調音器官（articulatory
organ）」**と呼びます。つまり，「音を調（つく）る器官」という意味です。

　それでは，どうしていろいろな音色の母音があるのでしょうか。それは，口
の中のどこで音が作られるかということと関係があります。口の中は，たとえ
ば大きな洞穴のようなものです。洞穴の入り口近くから外に向かって声を出
す場合と，奥深くから声を出す場合では，外にいる人からすると音の聞こえ方
が違ってきます。人間の口の中も同様で，口の前の方で音を作って出した場合，
口の真ん中あたりで出した場合，そして，奥の方から出した場合では，音色が
変わるのです。さらに，口を開かないで出した音と，大きく開いて出した音で
も音色は変わってきます。このように，口の中のどの部分で音を作るかによっ
て，人間はとてもたくさんの異なる音を出すことができるのです。これらの音
はすべて母音です。

90　母音の数が最も少ないのは，コーカサス地方で話されているアブハズ語で2母音しかないと言われています。
　　また，アラビア語やフィリピンで話されているタガログ語，そして沖縄の琉球語などは3母音であると言わ
　　れています。

　極端な言い方をすれば，理論上は「無限」に異なる母音を作ることができると言えます。しかし，一方で，母語で使用する母音の数が確定してくると（たとえば，5つであるとか），私たちは質的に若干異なる母音を聞いても，「同じ母音」だと認識するようになります。人間はみんな口の形が微妙に異なりますから，たとえば，本当は各人がそれぞれに微妙に異なる /ɑ/ という音を出しているはずなのですが，それを聞き取る同じ言語の母語話者は，みんな「同じ /ɑ/」だと認識し，意味を理解する際になんら問題が生じないのです。[91]

　それでは，人間の口の中をもう少し詳しく見ていきましょう。下の図5を見てください。このような図は，（英語）音声学の教科書に必ず載っているものです。そして，音声学の習慣として，顔の左側からの絵を一般的に使います。

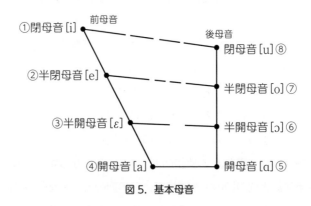

図 5. 基本母音

この図5の①で示した場所は口の中の前の方で，口がかなり閉じた状態で，唇が平たくなって出す母音で，英語でいえば，eat /iːt/ などの母音である /iː/ の音に近い音です。次に，口の前よりで出すことは同じでも，/iː/ より

---

[91]　ただし，そのために，母語にない外国語の音を聞いた時，私たちの脳は自分の母語の音韻体系の中でその音を理解しようとしてしまいます。/f/ ならば「フ」，/θ/ ならば「ス」だという具合に近似音で判断してしまいます。これが外国語の音声識別ができなくなってしまう原因ともなるのです。それを克服するためには，思春期以降の学習者であるならば，やはり音声のしくみを習い，意識して外国語音声の識別練習をするのが近道だと筆者は考えています。

ももう少し口を開いて発音すると /e/ という母音になります。それが②あた
りから出る母音です。さらにもう少し口を開いて発音すると，/ɛ/ という発音
記号で表す母音となります。さらに，顎が外れない程度に大きく口を広げて，
前よりで発音すると出てくる母音が④の /a/ です。

　⑤から⑧までの母音は，発音の位置を後ろにもっていって発した場合の母音
となります。⑤の /ɑ/ は，④の /a/ の口の広げ方を保ったままで，口の後方
から発音します。うがい薬などで喉をガラガラやる時に口を開く感じになりま
す。④と⑤（/a/ と /ɑ/）の発音記号は似ていますが，異なる音色の母音です。
④は前よりの音なので，「割と明るく聞こえる音」，⑤は後ろから出る音なので，
「割と暗く聞こえる音」になります。もちろん，聞こえる印象ですから，そも
そも音に明るいも暗いもないのですけれど。⑥の /ɔ/ は，⑤の /ɑ/ よりもも
う少し口を閉じた状態で唇を円唇にして発音する音です。⑦の /o/ も唇は円
唇で，さらに口が閉じる状態で発音します。⑧の /u/ は最も口が閉じた状態
で唇を丸めて発音する音です。これら8つの母音を「**基本母音（cardinal
vowels）**」と呼びます。[92]　一度，自分で声に出して発音してみて下さい。い
ろいろに異なる音が出ることを自覚できます。

　日本語の母音の数は5つですが，この**「母音の数が5つ」という言語が世
界で最も多いパターンのようです**。一方で，英語の母音の数は，音声学者によ
ってもいくつかの異なる見解がありますが，本書では（58）のように，短母
音，長母音，二重母音（diphthong），三重母音（triphthong）に分けて載せる
ことにしました。本書では，24個の英語母音をあげておきます。この数から
も分かるように，**日本語を母語とする私たちは，英語の多くの母音を新たに学
習しなければなりません**。このことが，英語の発音を難しくしている要因の1

92　もう少し正確に記すと「第一次基本母音」となります。「第二次基本母音」もあります。第二次基本母音の発
　　音ですが，第一次基本母音における非円唇母音と円唇母音を反対にすると第二次基本母音になります。つま
　　り，第一次基本母音では①から⑤までの位置で発音する母音では唇は丸めなかった（つまり，非円唇）ので
　　すが，今度は円唇で発音します。そして，⑥から⑧までの位置の母音を非円唇で発音すると第二次基本母音
　　の8つの母音が完成します。それらの発音記号は，第一次基本母音と同じ順番に記載すると，/y, ø, œ, ɶ,
　　ɒ, ʌ, ɤ, ɯ/ となります。

つになります。

(58) 英語の母音：

短母音：/ɪ/, /e/, /æ/, /ʌ/, /ɑ/（米）, /ɒ/（英）, /ʊ/, /ə/

長母音：/iː/, /ɑː/, /ɔː/, /uː/, /əː/

二重・三重母音：/eɪ/, /aɪ/, /ɔɪ/, /əʊ/, /aʊ/, /ɪə/, /eə/, /ʊə/, /ɔə/, /aɪə/, /aʊə/[93]

● 有声音と無声音

　有声音（voiced sound），**無声音**（voiceless sound）ということばも，外国語などを勉強するとよく聞く用語です。もちろん，有声音は「声のある音」で，無声音は「声のない音」というわけではありません。どちらも声はあります。そうではなくて，**有声音は喉の声帯（vocal cord）が震える時に出る音で，無声音は声帯が震えないで発する音のことを言います**。子音は有声音と無声音の2種類に分かれます。試しに，手の指数本で喉の声帯のところを軽く押さえながら，/sːːːːːːː/ と発音してみて下さい。どうですか，声帯が震えていませんね。今度は，/zːːːːːː/ と発声してみて下さい。今度は声帯が震えましたね。/s/ と /z/ の違いは，無声音か有声音かの違いです。

　それでは母音は有声音でしょうか，無声音でしょうか？　これは実体験できます。先ほどと同じように，指で声帯を軽く押さえながら，/ɑːːːːːːːːːː/, /iːːːːːːːːːː/, /uːːːːːːːːːː/ と発声してみて下さい。声帯が震えますね。そうです，母音はどれも有声音なのです。

　さて，日本語には「濁音」と呼ばれるものがあります。「が，ぎ，ぐ，げ，ご」「ざ，じ，ず，ぜ，ぞ」などが濁音です。それに対する用語は「清音」で

93　三重母音（triphthong）の含まれる語の例として，tire /taɪə/ や our /aʊə/ などがあります。ただし，三重母音は，非常にゆっくりと正確に発音しない限りにおいて，通常は二重母音のような音になります。たとえば，fire/faɪə/ は /faːə/，flower/flaʊə/ は /flaːə/ のような発音になります。

す。「か，き，く，け，こ」「さ，し，す，せ，そ」が清音です。このように，清音と濁音の違いは「゛」という「濁点」を付けるかどうかの違いなのですが，どの清音にも濁点が付けられるわけではありません。たとえば，「ま，み，む，め，も」には濁点が付けられません。「ま゛，み゛，む゛，め゛，も゛」とはなりません。それでは，どのような場合に濁点が付けられて，どのような場合には付けられないのでしょうか？　つまり，日本語で濁点を付ける規則とはどのような規則なのでしょうか？

　例として，「か」「が」を音素表記してみましょう。すると，/ka/，/ga/となります。この２つの子音 /k/ と /g/ にはどのような違いがあるのでしょうか？　そうです，/k/ は無声音で，/g/ は有声音なのです。**無声音の子音を有声音に変える時に，日本語では濁点を付けるのです。** マ行の子音の /m/ は有声音であるため，これ以上は有声音化できないので，「ま゛，み゛，む゛，め゛，も゛」はないのです。

● 二重母音（三重母音）

　(57) でも記載しましたが，英語の母音には，**二重母音 (diphthong)，三重母音 (triphthong)** と呼ばれるものがあります。二重母音はたとえば，out /aʊt/，toy /tɔɪ/，ice /aɪs/ の単語に含まれている母音のことを言います。そ

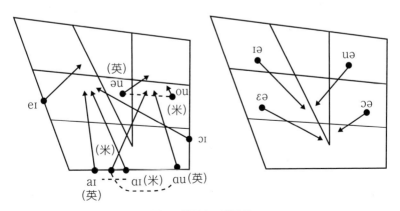

図 6. 英語の二重母音

の母音の箇所には，/aʊ/，/ɔɪ/，/aɪ/ と，2 つの母音が対等に並んでいます。しかし，**実際は「1 つの音」なのです。**独立した 2 つの音ではありません。よって，2 つの音が対等の明瞭さで発音されはしません。前ページの図 6 を見てください。二重母音を発音する際の口の中の動きが書かれています。

　二重母音は，最初の音が発音された後，口の中の調音位置が 2 番目の母音の位置に移動して行くのですが，その際，きっちりと 2 番目の母音の位置までたどり着かないで，その途中で音が弱くなる感じになります。2 番目の音が不明瞭になるのです。実際の発音に近いように表記すれば，/aʊ/ ⇒ /aᵛ/（アᵛ），/ɔɪ/ ⇒ /ɔⁱ/（オⁱ），/aɪ/ ⇒ /aⁱ/（アⁱ）といった感じに表記する方が良いのだと思います。しかし，これまでの長い間の習慣から，辞書などでは現在も /aʊ/，/ɔɪ/，/aɪ/ と表記されています。三重母音の場合も同様で，一番最初の母音が最も強く明瞭に発音されます。

　以上のことからも分かるように，日本語の「愛（あい）」と英語の eye /aɪ/ は同じ音質ではありません。日本語の「愛」は 2 つの音が同じ強さで発音される，「2 音節の語」ですが，英語の eye は最初の音が強く発音され，次の音は弱く発音される「1 音節の語」なのです。**英語の二重母音を発音する際には，2 つの音を同じ強さで発音しないように気をつけたいものです。**

子音

　肺からの空気の流れが調音器官（唇，歯，歯茎，舌など）によって一旦閉ざされたり，狭まったりした後に，口から出てくる音のことを子音と言います。たとえば，/b/ の音はどうやって作られるのでしょうか？　/b/ の後ろに母音の /ɑ/ をつけて，/bɑ/，/bɑ/，/bɑ/ と発音してみて下さい。そうです，/b/ は両方の唇（両唇）を使って，肺からの空気を一旦せき止め，そして一気に破裂させて出す音です。ですからこの音は，破裂音（または，閉鎖音）と呼ばれます。

　母音と同様に，音声学者によって数の数え方が若干異なる場合もありますが，

本書では（59）で示すように，英語の子音は 24 個あると考えます。

(59) 英語の子音

/p/, /b/, /t/, /d/, /k/, /g/, /tʃ/, /dʒ/, /f/, /v/, /θ/, /ð/,

/s/, /z/, /ʃ/, /ʒ/, /h/, /m/, /n/, /ŋ/, /l/, /r/, /w/, /j/

これらの子音の中で，日本語にはない音素がいくつかあります。そういった音はやはり JLEs は苦手とします。[94]　（60）に JLEs が特に気をつけるべき英語の子音と特色をあげておきます。

(60) JLEs が特に気をつけるべき子音の発音

    a. /f/：five /faɪv/，free /friː/ などの /f/ を日本語の「ふ /ɸ/」（両唇音）に置き換えて発音してしまう。

    b. /v/：voice /vɔɪs/，very /verɪ/ などの /v/ を /b/ で代用してしまう。

    c. /θ/：think /θɪŋk/，throw /θroʊ/ などの /θ/ を /s/ で代用してしまう。

    d. /ð/：this /ðɪs/，those /ðɔːz/ などの /ð/ を /z/ で代用してしまう。

    e. /l/, /r/ と「ら /ɾ/」：英語の /l/ と /r/ の識別と発音は JLEs にとって最も困難なものです。日本語のラ行音の子音 /ɾ/ は弾音（はじき音）で，英語の /l/ とも /r/ とも異なるものです。

    f. /s/ と /ʃ/：日本語のサ行音は，「し」だけが /ʃi/ と発音され，残りは /s/ の発音となります。よって，日本語では /s/ も /ʃ/ も音素と

　しかしながら，同一の音素があるからと言って，「簡単だ」とは一概には言い切れないことも付言しておきます。たとえば，/p/ は日本語にも英語にも存在する音素ですが，英語の場合，語頭に来る /p/ は強い帯気音（[pʰ] と記します）とともに発音されるのが一般的です（例：pat, put, pet, pit, pot）。[pʰ] の発音は，意識して練習する必要があります。

してはあるのですが，両者を混同する学習者も大勢います。See は /si:/，sea も /si:/ ですが，she は /ʃi:/ です。Machine は /məʃi:n/ ですが，/məsi:n/ と発音する学習者，scene は /si:n/ ですが，/ʃi:n/ と発音する学習者がいます。

音の脱落，同化，連結

英語の単語，特に，代名詞や前置詞，冠詞といった語は，強く発音される場合と，弱く発音される場合の 2 種類の発音があります。(61) には強形と弱形の例を載せておきます。

(61) 英語の強形と弱形の例

	単語	強形	弱形
代名詞：	he	/hi:/	/hi/，/i:/，/i/
前置詞：	at	/æt/	/ət/
冠詞：	the	/ði:/，/ðʌ/	/ðə/，/ði/

さらに，英語では単語と単語の音が融合したりする（要するに，くっつく）場合もあります。このことを同化ということは前述しました。(62) の英文の通常の速さの発音は，敢えて日本語で表記するなら「ドンチュ（ウ）ノイム」ぐらいになるでしょう。「ドゥント ユウ ノウ ヒム」にはなりません。英語ではこのような同化といった現象が起こることが，私たちが英語の音声を聞き取る際に，困難をきたす原因の 1 つとなっています。

(62) Don't you know him？

子音連結

　Street という単語を音素表記すると，/striːt/ となります。そして，strike は /straɪk/，splash は /splæʃ/，spray は /spreɪ/ となります。このように，英語では子音が 2 つ以上連続することがあります。このことを**「子音連結 (consonant cluster)」**と呼びますが，英語では最高で母音（V）の前では 3 つ，後ろでは 4 つ，子音（C）が連結することが可能です。要するに，CCCVCCCC という音韻構造を取ることができるということです。また，語頭の子音連結が 3 つの場合は，英語では必ず /s/ から始まります（例：scratch /skrætʃ/，street /striːt/，splash /splæʃ/）。

(63)　CCCVCCCC となる英単語の例：strengthen /streŋkθn/

　英語の子音連結の習得での JLEs の問題点は，**子音と子音の間に母音を挟んで発音しがちなことです。**日本語では，一般的に子音連結は起こらず，子音の後には必ず母音が来る，CV（子音＋母音）という音韻構造を取ります。[95] このため，street を「ストリート（/sutoriito/）」，strike を「ストライク（/sutoraiku)」と，母音を挟んで発音しがちです。この点についても，発音指導の際に教師は注意しておくべきでしょう。

---

[95]　「天丼（tendon）」「忖度（sontaku)」など，「ん」の時には，唯一，子音連結になります。

補遺 1

英語では意味が通じないもの, または別の意味になる和製英語

カタカナ語	本来の英語表現
(車の) ウィンカー [96]	blinker, indicator
(洋服の) オーダーメイド	made-to-order
オートバイ, バイク	motorcycle
ガソリンスタンド	gas station, petrol station
ガムテープ	packaging tape/ gummed tape
(試験での) カンニング	cheating/ cribbing
キーホルダー	key chain
キッチンペーパー	paper towel
(商品などへの) クレーム	complaint
グラウンド (運動場)	playground
クラシック音楽	classical music
グレードアップ・グレードダウン	upgrade/ downgrade
コインパーキング	coin-operated parking, metered parking
コンセント (電源)	outlet, socket
サラリーマン	worker, salaried worker
ジーパン	jeans/ denims
ジェットコースター	roller coaster
シャープペンシル	mechanical pencil, clutch pencil
(乗り物などの) シルバーシート	priority seat
(身体が) スマート	slender, slim
セロテープ	Scotch tape/ cellophane adhesive tape

---

[96] 車に関する名称の大部分が和製英語です (例：バックミラー, フロントガラス, パンク, クラクション, ナンバープレートなど)。1 度, 正式な英語名称を確認してみてください。

ソフトクリーム	ice cream cone
タオルケット	blanket made of toweling
タッチパネル	touchscreen
(テレビに出る) タレント	TV personality
段ボール	cardboard
チアガール	cheerleader
(食べ物の) テイクアウト	to-go, take-away
デッドヒート (激しい競り合い)	a close race/ a neck-to-neck race
(ゲームの) トランプ	cards
(洋服の) トレーナー	sweat shirt
(洋服の) ノースリーブ	sleeveless
(パソコンなどの) バージョンアップ	update
(ホテルなどの) バイキング	buffet
(洋服の) パーカー	hoodie, sweat shirt
パトカー	police car
ハンバーグ	hamburger steak
ビーチサンダル	flip-flop
ビジネスホテル	budget hotel
(野球の) フォアボール[97]	walk, base on balls
フライドポテト	French fries, chips
(電話の) フリーダイアル	toll-free call
フリートーク	free conversation
プレイガイド	ticket agency
(ホテルの) フロント	reception
(給料の) ベースアップ	pay raise

[97] 野球用語のかなりのものが和製英語です (例：デッドボール，バックネット，ゲッツー，ゴロ，ランニングホームランなど)。どれが和製英語でどれが英語と同じなのか，ここでもご自身で調べてみてください。

カタカナ語	本来の英語表現
アフターサービス	customer service
インターホン	intercom
カーナビ	car navigation system
ゴールデンタイム	prime time
コンパ	party
サイダー	soda pop
サインペン	felt pen/ felt-tip pen
シール	sticker
ニュースキャスター	anchor
ノンステップバス	low-floor bus
ハートフル	heart-warming
ビニール袋	plastic bag
ブックカバー	book jacket
ペーパードライバー	driver on paper only
ベッドタウン	commuter town, bedroom suburbs
ペットボトル	plastic bottle, PET bottle
ベビーカー	baby carriage, stroller
ホッチキス	stapler
マンション	apartment, condominium, flat
(携帯の) マナーモード	silent mode
メールマガジン	e-mail news letter (magazine)
ユニットバス	modular bathroom
モーニングコール	wake-up call
ライブハウス	music pub, music club
リニューアルオープン	reopen

補遺2

短縮形で使用される外来語

カタカナ語	本来の表現
アニメ	animation
アポ（イント）	appointment
アンプ	amplifier
エアコン	air conditioner
エンゲージリング	engagement ring
コンビニ	convenience store, mini-market
パソコン	personal computer
リモコン	remote control
ワープロ	word processor

補遺3

英語以外の外国語からの借用語

カタカナ語	英語での表現
仏：アンケート（調査）	questionnaire
仏：クーデター	coup
仏：コロッケ	croquette
仏：シュークリーム	cream puff
仏：ピーマン	green pepper
仏：マント	mantle, cloak, cape
独：アルバイト	part-time job
独：アレルギー	allergy
独：ガーゼ	gauze
独：ノイローゼ	neurosis, nervous breakdown
蘭：オルゴール	music box
蘭：ゴム	gum, rubber
蘭：ブリキ	tin
蘭：ペンキ	paint
蘭：ランドセル	school backpack
中：ロートル	old person
葡：カッパ（雨具）	rain cape, raincoat
葡：カボチャ	pumpkin
葡：パン	bread
露：イクラ	salmon roe
露：カンパ	campaign to get money, fund-raising campaign
露：ノルマ	work/production quota, assigned task

注）仏：フランス語，独：ドイツ語，蘭：オランダ語，中：中国語，葡：ポルトガル語，露：ロシア語

― 第2部 ―

"

ことばの習得
に関する
基礎的知識

"

母語獲得と第二言語習得

　「母語」と「母国語」ということばがあります。両者の意味するところは若干異なります。「母語」とは，一般に，私たちが生後，最初に接触し，たいていの場合，最も得意とする言語になることばのことを指します。したがって，おそらく，本書を読んでくださっている方々の母語はほぼ日本語であると思います。一方，「母国語」とは，その人の国籍のある国の言語のことを指す場合に使用されます。筆者の母国語は日本語になります。しかし，日本国籍を持っていなくても，日本語が母語である人は少なからずいるわけです。したがって，**母語と母国語が一緒の人もいますが，異なる人もいることになり，それでは両者を用語としても区別しましょうということです。**この区別は本書でも採用することにします。

　さて，**幼児が母語を覚えていくことを「母語獲得（first language acquisition, L1 acquisition）」と一般に呼びます。**母語「習得」という言い方をする人もいます。どちらも，英語の acquisition の日本語訳としての使用です。しかし，母語の場合，幼児は言語を意識して覚えていくわけではないため，「無意識的に」という意味合いを込めた「獲得」という訳語の方が良いのではないかと筆者は考えています。よって，本書では母語獲得ということばを使用することにします。もちろん，母語習得という言い方をしても問題はありません。

　母語の次に学習する言語を「第二言語（second language, L2）」，それを覚えていくことを「第二言語習得（second language acquisition, SLA, L2 acquisition）」と呼びます。母語獲得とは異なり，第二言語の場合，意識して学習する状況も多いことから，獲得ということばよりも「習得」ということばの方が良いのではと筆者は考えています。そのため，本書では第二言語習得という用語を使用します。そして，第二言語習得の下位形態の 1 つに，「教室で第二言語を学ぶ場合」があります。私たちが学校で英語を学習する形態のことです。このような学習環境を，第二言語習得の中でも特に**「外国語学習（foreign language learning）」**と呼ぶことがあります。もちろん，教室で学ぶ場

合でも，第二言語習得ということばを使用しても差し支えはありません。本書では両者を併用して使用しています。

　第2部の第1章では，母語獲得過程についての知識を深めたいと思います。読者の中には，日本の教室で英語を教えることや学習することと，幼児の母語獲得とは直接関係ないのではと思われる方もいらっしゃるかもしれません。たしかに，両者は直接的には関係ないのでしょう。しかし，本書を通しての筆者の一貫した考え方とも関連しますが，教室で英語を教えるための教師の持つべき基礎知識として，人間がどのように母語を獲得して行くのかを知っている方が，教師としての指導への考え方や，英語を教える際のこころの柔軟性（ゆとり）が出て来ると思っています。母語獲得過程との比較をとおして，初めて，外国語学習（第二言語習得）の特徴が浮かび上がっても来ます。**言語に関する幅広い知識は，必ずや外国語を教える際に役立つはずです。**

　外国語学習の過程のみを見ていても，それが言語習得一般に言えることなのか，外国語学習の時にのみ起こる独特の現象であるのか見えてきません。何事においても，比較の対象が必要なのです。外国語学習において何が独特なのか，何が普通であるのかを知るために，その比較対象としての母語獲得について，基本事項をおさえておきましょう。

　第2部の第2章では，第二言語習得についての知識を深めたいと思います。私たち人間は2つ，またはそれ以上の数の言語を習得・学習できます。第二言語の学び方（学習環境）はさまざまです。子どもの頃から第二言語に触れている人もいますし，思春期や大人になってから学習を開始する人もいます。また，アメリカやイギリスなどの英語が日常的に話されている国で学習するのか（つまり，**第二言語環境**），それとも日本のような教室場面で教師から教科書を使用して学習するのか（つまり，**外国語環境**）といった相違などもあり，学ぶ状況は千変万化です。

　こういった学習環境の相違はたしかに，学習の速度や最終到達度に影響を与えると思います。しかしながら，第二言語習得過程を研究する場合，この相違はそれほど重要ではないのかもしれません。というのも，第二言語学習者がお

こなうべきことは，周りの状況や環境によって変化するわけではないからです。つまり，どのような環境に置かれようとも，**第二言語習得は脳／心がおこなっている作業であることには変わりありません**。よって，学習環境によって習得の速度の速い遅いはあるかもしれませんが，どの環境に置かれていようとも，同じような習得の道筋（習得過程）をたどって第二言語は習得されていくはずです。ただし，最終到達度は異なるようになるかも知れません。

　第二言語がどのように習得されていくかを，一定の理論を基に予測し，習得に関する仮説を立て，その仮説が正しいかどうか，実証的に研究する学問領域を第二言語習得研究と呼びます。[98]　第二言語習得研究は，物理学や数学などの学問と比べれば，歴史の浅い学問領域ですので，解明されていないことが山ほどありますが，現在，活発に研究がおこなわれ，注目を浴びている研究領域の１つです。第２部をお読みになって，言語習得は不思議だなとか，面白そうな研究分野だなと読者の皆さんに感じていただき，そして何より，英語を教える際の礎になれば嬉しい限りです。

 # 母語の獲得過程

幼児は親の真似をして母語を獲得していくのか？

　母語獲得過程を概観していくのに，まずは「幼児は親の真似をして母語を獲得していくのか」という疑問に答えることから始めたいと思います。筆者は，大学で教える言語習得関連の講義の第１回目に，受講生たちに「幼児は親

---

[98] 「仮説（hypothesis）」というのは，言語理論，学習理論，認知学的理論，そして，先行研究結果を基に予測すると，きっと「こうこうこうなるに違いない」という予測のことをいいます。そして，実証実験をおこなった結果，その仮説が妥当なものであったかどうか判断するのです。立てた仮説が間違っている場合もあるでしょう。その際は，なぜ予想通りの結果を得られなかったか再考し，新たな仮説を立て，実験をし直すことになります。したがって，立てられる仮説は「反証可能」なものでなければなりません。反証可能とは，その意見・主張に対して具体的に反論できる形で提示されているもの，という意味です。

（この表現の中に，祖父母などの近親者も全員含めることとします）の話すことば
を真似して，母語（の文法）を身につけて行くと思いますか？」といった類の
質問をします。しばらく考えてもらった後，「親の真似をして覚えていくと思
う人は手をあげてください」と問いかけますと，かなりの割合（8割以上）で
学生は挙手します。読者の皆さんはどうですか？　幼児はやはり，親の真似を
してことば（文法）を覚えていくと思いますか？

　驚かれる人もいるかも知れませんが，事実は，**幼児は必ずしも親の話すこと
ばを真似して母語（の文法）を覚えていくわけではないのです。**たしかに，真
似をして覚える場合もないとは言えません。たとえば，頻繁に使用したり，目
にしたりする人やモノの名前などがそれに当たるでしょう。日本語を母語とし
て獲得する幼児ならば，ママ，パパ，ジージ，バーバといった親族の呼称や，
バイバイ，ブーブ（車），ポッポ（鳩や電車），マンマ（＝ごはん），ナイナイな
どの語彙は，親の真似をして覚えていく可能性はあります。しかし，興味深い
ことに，そういった語彙ですら，比較的長いものになって来ると，幼少の子ど
もには丸暗記して繰り返すことすら困難なのです。

　筆者が以前観察した，日本語を母語として獲得する幼児（A君）は，2歳前
後のころ，「あんぱんまん」や「ドラえもん」を，親の後に続けて正確に繰り
返すことができませんでした。この年齢の子どもたちでは，これらの語彙が長
すぎるからです。そのような際に，幼児は自ら進んで語彙を短縮して発話しよ
うとします。短縮の仕方を教えたわけではないのに，A君は上述のキャラクタ
ーを，それぞれ「ぱん（＝あんぱんまん）」「もん（＝ドラえもん）」と呼ぶよう
になりました。そして，自分のお母さんのことを「かっか」，お父さんを「と
っと」，祖母を「ちゃま（＝おばあちゃま）」と呼んでいました。この場合も，
A君の親は，「おかあさん」「おとうさん」ということばを教えていたにもかか
わらず，自分で「かっか」「とっと」と呼ぶようになったのです。この時期，
そっくりそのままの音連続では真似できなかったのです。「ドラえもん」「あん
ぱんまん」「おとうさん」「あかあさん」という音声がA君に聞こえていなか
ったわけではありません。きっと正しく聞こえていたはずです。聞こえていた

にも関わらず，聞こえたままには真似できなかったのだと思います。[99]

　別の視点から，この短縮の仕方は，とても興味深いのです。それは，幼児A君がおこなった音声短縮方法は，もちろん，当人が説明できるわけではないのですが，驚くほど日本語の音声・音韻理論に沿った，適切な方法であったということです。たとえば，皆さんは，「あんぱんまん」をもう少し短い単位に分けるとすると，どこで区切るでしょうか？　おそらく，「あん」「ぱん」「まん」と区切るのではないでしょうか？　「ドラえもん」は，「どら」「え」「もん」ですね。でも，どうしてこのように区切るのが「良い」と思うのでしょうか？それは，私たち大人は，日本語の音韻規則について，誰からも習ったわけではないけれど，「無意識的に知っている知識」があるからです。しかし，「2文字に区切る」だけであれば，「んぱ」でも「らえ」でも良いことになりますが，私たちは，それは変だということが直観的に理解できます。2歳児でも同様のことが言えるのです。つまり，こんなにも小さいころから，もう既に日本語の音韻についての基本的な規則が無意識に理解できているのです。これは凄い能力だと言わざるを得ません。

　語彙獲得以上に，母語での文法獲得では，親のことばをそのまま真似し，繰り返すことで覚えていくわけではないことがはっきりしています。まず，語彙の場合と同様，記憶力の面から「1文を丸暗記する」ことは難しいということです。次に，百歩譲って，幼児は親の真似をして母語の文法を獲得していくと仮定してみましょう。そう仮定した上で，では，親は自分の大切な子どもに向かって，文法的に誤った表現で話しかけるかどうかを考えてみましょう。そのように話しかける可能性は大変低いと思います。私たちは，たとえば，とても疲れていたり，眠たかったり，イライラしているような時，または，ある話題について話をしている途中で，自分の言わんとする考えが変わったり，その話題を別の内容に変えたりして，現在の表現方法を別の表現（構文）に変えたりする場合，大人であっても文法の誤りをする時は実際のところあります。大人

99　白畑（編著），若林・須田（著）（2004）も参照ください。

でも，いつも 100% 文法的に正しく発話しているわけではありません。

　このような状況はありますが，基本的に，親は母語で許されている文法規則に沿って幼児に話しかけていると考えて良いでしょう。つまり，幼児の受け取る母語インプットは，「あなたが獲得すべき言語ではこのような言い方をしますよ」という肯定的な証拠なのです。文法的に適切な言い方の証拠が親から示されているということです。[100]　ですから，幼児が親の真似をして母語（の文法）を獲得して行くのであれば，幼児の発話には，文法的誤りがほとんどないはずです。

　ところが，事実はそうではありません。**幼児の実際の発話を分析すると，その中には数多くの文法的な誤りが見いだされます。**しかも，それらの誤りの多くは，1 度きりの誤った発話で終わるのではなく，何か月にも渡って，中には 1 年以上もの間，継続的に起こり続ける誤りもあります。そういった典型的な誤りの一部を（1）に載せます。[101]

(1)　　a. しょうぼうしゃ<u>が</u>みた（= 消防車を見た）

　　　　b. おっきい<u>の</u>ワンワン（= 大きい犬）

　　　　c. いす<u>どいて</u>（= 椅子どけて）

　　　　d. <u>ちいさいじゃない</u>（= 小さくない）

　　　　e. <u>しまない</u>（= 死なない）

　　　　f. <u>ちがが</u>でた（= 血が出た）

もし，幼児が親の真似をして，その発話を繰り返すだけで母語を獲得して行くのなら，「しょうぼうしゃがみた」や「おっきいのワンワン」といった誤りは発話されないはずです。幼児が親から聞くことばには存在しないこういう誤っ

---

[100] 「このような言い方をする」というインプットを肯定証拠（positive evidence）といいます。幼児は基本的に肯定証拠のみで文法を獲得していくことになります。

[101] 幼児の誤り例については，小林・佐々木（編）(2008)，鈴木・白畑 (2012)，村杉 (2014) などを参照ください。

た表現を，ほとんどすべての（日本語を母語として獲得する）幼児が発します。

　しかし，**4〜5歳ぐらいから徐々に，誰からも直されることなく，自然にこのような誤りをしなくなります**。その数年の間，親から子への発話は質的に何ら変わりありません。親が子に投げかけることば遣いはいつも一定です。加えて，普通の親は子どもの文法的誤りを直すことにほとんど関心がなく，ごくまれな親を除いて，普通は意識して誤りを直したりしません。幼児自体も，言いたいことが親に通じれば満足であって，文法的に正確に話をしないといけないなどという意識は持っていないのではと思います。そういう状況の中，幼児はある時，自分で勝手に誤りをし始め，そしてある時期から勝手に誤りをしなくなるということです。

　以上の考察より，幼児は自分の獲得する言語（文法）を，親のことばをそのまま真似して覚えていくのではないことが分かります。このような獲得の過程は，とても不思議な現象です。そして，母語獲得過程を研究している人たちは，なぜこのようなことが起こるのかについての理論を構築しようとしています。

母語獲得では共通した発達過程や獲得順序があるのか？

　子どもの育つ環境は皆それぞれに異なります。生まれた場所も，家族構成も異なります。ですから，それぞれの幼児がさまざまに異なる順番で，母語のいろいろな文法項目を獲得して行くのだと思われても不思議ではありません。ところが，前節に続いて，これもある意味とても不思議なことなのですが，どこで生まれようと（たとえば，日本でいうなら，三重県で生まれようが，長崎県で生まれようが），そして，どのような性格の人物が親であろうが（優しい親であろうが，厳格な親であろうが），どんな環境（田舎や都会，裕福であってもなくても）で育とうが，**ほぼすべての子どもで，日本語を獲得して行く道筋や速さが類似しているのです**。

　同じことが，世界中の幼児にも当てはまります。英語のみならず，フランス語でもロシア語でも，母語を獲得していく幼児は，みんなとても類似した発達

過程をたどって自分の母語を獲得していくのです。つまり，生後，幼児がある年齢に達すると，ある決まった言語獲得の発達段階を迎え，そして，ある決まった表現ができるようになります。そして，ある発達段階にしばらく留まっていた後，次の発達段階に進んで行きます。その大枠の発達段階を図1に示します。ただし，きちんきちんと，ある日を境に明確に次の発達段階に移行するわけではありません。連続する2つの段階が重なっている時期もあり，実際には図2のような感じの発達過程をたどることになります。

誕生	6か月	12か月	18か月	24か月	4-5歳
クーイング期	喃語期	一語発話期	二語発話期	多語発話期	完成期

図1. 誕生から5歳くらいまでの母語の発達段階

図2. 言語発達の仕方

以下に，図1に示したそれぞれの時期の特徴を簡潔に解説します。

● クーイング期(cooing stage)：誕生〜6か月あたり

　幼児が大人の耳には「クー」とか「グー」といったように聞こえる音を出す時期のため，「クーイング期」と呼ばれています。まだはっきりと「言語音」とは呼べない音声を発する時期です。

● 喃語期(babbling stage)：生後6か月〜12か月あたり

　「ババババ」「マンマー」とか「パー」といったように，人間言語の音らしきものを発するようになる時期で，「喃語期」と呼ばれています。この時期の音声には，ある興味深い特徴があります。生まれて間もない時期ですから，まだしっかりと歯が生え揃っていませんし，舌の動きも十分に滑らかとは言えない時期です。したがって，**幼児にとって「楽に発音できる音」を最初に出している**と考えられます。

　発音するのが楽な音とは，どんな音だと思いますか？　それは，舌も歯も使わなくて出せる音ということになります。答えは，/p/, /b/, /m/ です。後ろに母音をくっ付けて，ローマ字で表記すれば，pa, ba, ma という音になります。両方の唇（上唇と下唇）を開けたり閉じたりするだけで出せる音です。/p/ と /b/ は破裂音で，/m/ は口を閉じて鼻腔を使用して出す鼻音です。この時期に「ババババ」「マンマー」「パー」といった発話を幼児がすることは，とても自然であることが分かります。日本語を獲得する幼児のみならず，世界中の幼児が喃語期には例外なく，これらの音を出します。両親を「パパ」「ママ」と呼ぶ言語が世界中に多いのは，「幼児が発音しやすい音」ということと関係があるのかもしれませんね。英語やスペイン語などの西洋語だけでなく，東洋の言語，たとえば中国語などでも母親のことを「ママ」と言います。日本語も，かつては母親のことを「ファファ」と，両唇音で発音していました。

● 一語発話期(one-word stage)：生後12か月〜18か月あたり

　日本語を獲得する幼児であるなら，「まんま（＝ご飯）」「バイバイ」「ママ」「パパ」「ねんね」「たっち」「しっこ」など，**1 語からなる意味のあることばを発するようになる時期**です。そのため，この時期のことを「一語発話期」または「一語文期」と呼びます。ここで注意すべき点は，たとえば，幼児が「まんま」と発話した場合，この語にはその発話された文脈によって，さまざまに異なる意味が込められているということです。それは，たとえば，「ご飯が食べたい」「ご飯があるね」「お母さんがご飯を作っているね」などなどです。この

時期の幼児には身体的に何らかの制約が働いているため，一語しか連続して発話できませんが，この一語の中には，その発話される文脈によって，いろいろな意味内容が込められています。さらに，１語発話期にいる幼児であっても，親の発する２語以上からなる文の理解が正しくできることも明らかになっています。**発話の発達と理解の発達では，理解の発達の方が早く進みます。**これは第二言語習得の際にも当てはまります。

● 二語発話期(two-word stage)：生後18か月～24か月あたり

　２歳の誕生日が近づくにつれて，「ごあん　たぶ（＝ご飯を食べる）」「しっこないない（＝おしっこしたくない／おしっこはもう出ない）」「じーじ　ぶーぶ」（＝おじいちゃんの車）など，**２語からなる発話をするようになります。**そのため，この時期を「二語発話期」または「二語文期」と呼びます。この時期で特徴的なことは，幼児は自分の獲得する母語の語順を間違えないということです。この時期，すでに語順を獲得していると言えるでしょう。日本語を母語とする幼児は，「目的語＋動詞（ご飯を食べる）」の順番，英語を母語とする幼児は，「動詞＋目的語（eat lunch）」の順番に従って動詞句を正しく発話します。

　このような事実から言えることは，**語順というものは，それぞれの言語で意味を伝える際の中心的な役割を果たすものであるために，とても早い時期から獲得され，そして間違えない，ということです。**違う語順になれば，意味も全く逆になってしまうこともあるわけで，そうなっては意味伝達上困難を期すため，早い時期に獲得できるように，脳の中に仕組まれて（プログラミングされて）いるのではないでしょうか。また，この時期，３語からなる文の発話も散見される（ワンワン　ごあん　たぶ（＝犬がご飯を食べている））ことから，「二，三語発話期」と呼ぶ研究者もいます。

● 多語発話期(multiple-word stage)：生後24か月あたり～

　一語発話期，二語発話期，と続いたわけですから，この後も，三語発話期，四語発話期，五語発話期，といった具合に，連続して発話できる語が１つずつ

増えていくのかと思うかもしれません。しかし，その予想はハズレです。**2歳の誕生日を迎える前後から，幼児は3語以上続けて語を発話するようになり，急速にたくさん喋るようになります。**そのため，この時期を「多語発話期」または「多語文期」と呼びます。そして，**さまざまな文法が続々と出現してきます。**日本語を母語とする幼児ですと，（2a）と（2b）で示すように，たとえば格助詞（例：が，の，に，を）が発話され始めます。英語を母語とする幼児だと，（2c）と（2d）で示すような変化があります。何がどう違うのでしょうか？

（2）　二語発話期から多語発話期へ

  a. ケンちゃんぶーぶ　　　（多語発話期以前の日本語を母語とする幼児）

  b. ケンちゃんのぶーぶ　　　（多語発話期に入った日本語を母語とする幼児）

  c. Mommy eat cookies.（多語発話期以前の英語を母語とする幼児）

  d. My mommy is eating some cookies.

        （多語発話期に入った英語を母語とする幼児）

（2a）では，格助詞の「の」が脱落していましたが，（2b）では「の」を産出するようになりました。（2c）では，my や some といった文法的な働きをする項目や，現在なのか過去なのかという時制（tense），そして，どんな様態なのかという相（aspect）などの発話がされていなかったのですが，（2d）ではそういった文法機能を持つ要素が産出されるようになっています。[102]　二語発

---

[102]　my や some，そして the や a は名詞の前に置かれ，その名詞がどのような性質のものか決める働きを持っているため，限定詞（determiner）とか決定詞と呼ばれています。また，英語における相／アスペクト（aspect）には，進行相と完了相の2つがあります。

話期か多語発話期か，この2つの時期の相違は非常に大きなものです。**多語発話期になって初めて成人の言語と同じ発話ができるようになるのです。**

　もちろん，2歳児，3歳児の発話では，必要な文法形態素や機能語を脱落させたりして，まだ文法を間違えるときがあります。しかし，さまざまな間違いを犯しながらも，次第に大人の使う文法と同じようになって行きます。そして，小学校に入学する頃には，誰からも明示的に習うことがなくても，ほぼ完璧な母語の文法体系を身につけているのです。

　一方で，**この時期の幼児がまだ圧倒的に大人と異なるところがあります。それは，語彙の量です。**幼児は，月齢が24か月ぐらいまでの期間で50語ぐらい獲得します。その後も語彙量は増え続け，2歳から6歳の間には1日平均して10語，6歳以降は最高で1日に20語も獲得すると言われています。[103]とは言え，成人の平均的語彙量は3万語とも4万語とも言われていますから，5歳児の語彙量は成人に比べてまだ非常に少ないのです。新しい語彙は毎年生まれているわけですから（例：パソコンやスマホ関係の用語），語彙はある意味，生涯ずっと学習し続けることになると言っても差し支えないでしょう。

　さて，「人間の心とは何か」を模索する過程で，チンパンジーなどの霊長類に人間の言語を教える試みが行われています。その結果によれば，チンパンジーは人間の伝えようとする内容を理解し，人間と「コミュニケーション」することができるようになるようです。ただし，音声を発する器官が人間とは異なりますから，人間と同じような言語音は出せません。したがって，絵，数字，記号，パソコンなどを使って人間と意思疎通することになります。

　ここで，とても興味深いことがあります。それは，訓練すれば，チンパンジーは人間言語で言うところの「語」を2語，ないしは3語程度結びつけて，人間とコミュニケーションができるようになるそうです。要するに，人間の言語発達で言うところの，二語発話期までは到達できるということです。しかし，その次の発達段階には進むことができないようです。つまり，人間で言うとこ

103　鈴木・白畑（2012）

ろの多語発話期の段階には進むことができない，ということです。ここに，人間と他の霊長類との間に大きな隔たりがあることが分かります。人間とチンパンジーでは，遺伝子情報（ゲノム）が98%余りが一緒だということです。そうすると，残りの2%の遺伝子情報の相違の中に，両者を決定的に区別するものが含まれていることになります。言語はその中の1つだということです。

　では，「チンパンジーは人間言語で言うところの多語発話期に行くことができない」とは，もう少し具体的には，チンパンジーには何ができないのでしょうか？　それは，「要素と要素を結びつけて，さらに大きな塊にすることができない」ということです。チンパンジーは，「バナナ＋ほしい」（二語発話）ぐらいは作ることができるようですが，それ以上の複雑な表現は作り出すことができないのです。人間の子どもは，このような構造を簡単に作ることができます。さらにもっと長い文も作り出すことができます。つまり，**人間は，2つの要素を組み合わせることによって，限りなく長い文を作り出すことができるという性質を持っているのです。**ですから，**人間言語には「最も長い文」というものは存在しない，**ということになります。（3）と（4）を参照ください。

(3)

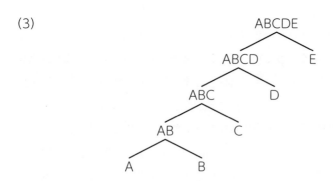

（3）のA, B, C……は文を作る構成要素だと考えて下さい。私たちは文法的に関連する構成要素同士を結びつけて，どんどんと文を長くできます。（4a）の日本文は，節の中に別の節が埋め込まれている文（中央埋め込み文）の例で

す。中央埋め込み文はその意味を理解するのに少し時間がかかる構造を持っていますが，文法的には適格な文です。（4b）の英文の方は中央埋め込み文にはなりませんから，（4a）の日本文よりも意味は理解しやすいですね。

(4)　a. 優子は［ₓ 健が［ₓ 浩がラーメンを食べた］と言った］と思った。
　　　b. Yuko thought (that) [Ken said (that) [Hiroshi ate ramen]].

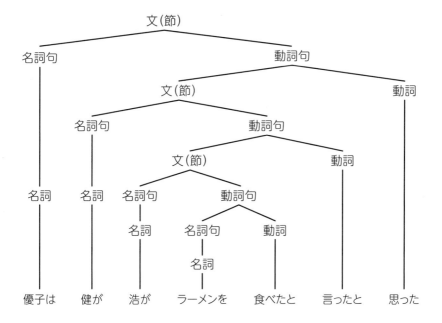

　（4a）の日本語の例は，中央埋め込み文の例でしたが，節ではない場合でも文を永遠に長くすることができます。（5）はその一例です。この例文でさえも，語をまだ付け足して，さらに長くすることができますね。

(5)　文が永遠に長くなる例
　　　これは太郎が食べたおにぎりを売っていたスーパーマーケットで働いている花子が通っている大学の物理学の教授がよく行く居酒屋の主人が大切に持っている西城秀樹のCDです。

（3）で示したように，**語と語を結びつけてさらに大きな単位（句）を作っていく操作を，専門用語で，「併合（merge）」と言います。併合を繰り返すことで作られる構造を「階層的句構造」と呼びます。**「人類のことばの獲得」の節（→ p. 136）で詳述しますが，ヒトは，併合と，その繰り返しにより出来上がる階層的句構造を身につけられたからこそ，言語（つまり，思考）を飛躍的に発達させることができました。単純な文構造では表現することが不可能であった私たちの複雑な思考を，文を長くし統語構造を複雑にすることができるようになったことで，ことばによって概念化し，表現することが可能になったのです。

　パスカルの言うように，「人間は考える葦」なのです。[104]　母語としてどの言語を獲得することになっても，世界中の幼児が，一様に，図1と図2で示した発達段階をたどり，体系的に母語を獲得して行くところが興味深いところです。日本語を母語とする人たちは，第二言語を学習しようと試みる場合，たとえば動詞や名詞などの屈折変化の複雑なロシア語などの学習に，たいていの場合，多大な時間を要します。しかし，ロシア語を母語として獲得する幼児は，日本語を母語とする幼児よりも母語の獲得に時間がかかったりするわけではありません。ロシア語を母語とする子どもであっても，彼らが小学校に入学する前にはすでに，母語の文法を苦もなく獲得しているのです。

言語インプットと生得的な言語獲得装置

　母語を獲得しようとする幼児は，周囲の大人たちの発話を毎日聞いて，「たくさんの量の言語インプット」を受けているように思われます。四六時中，自分の獲得する言語が耳に入って来る環境で生活しているからです。たしかに，

---

[104] パスカル（1623－1662）は17世紀のフランスの数学者・物理学者・思想家です。「パスカルの原理」などでも有名です。「考える葦」は著書『パンセ』の中の言葉です。「人間は，自然のうちで最も弱い1本の葦に過ぎない。しかし，それは考える葦である」として，思考する存在としての人間の偉大さを言い表しました。思考できるのは人間には言語があるからです。

母語を獲得する幼児は教室での外国語学習時の場合に比べれば，大量の言語インプットを受けているでしょう。しかし，一見，大量すぎるほどのインプットを受けていると思われる母語獲得の場合であってさえも，幼児が今後理解し使用することになる，「すべての文脈・構文を網羅する完璧なインプット」であるかどうかと問われれば，そのようなことはあり得ないのです。親の発話は文が完結せず途中で終わってしまったりする場合もあります。また，話の途中で文の構造が変わってしまう場合もあります。**文は無限に存在しますから，その無限の文に対応できるほど完璧な母語インプットを受ける幼児はいないということです。**

　たくさんのインプットがあるだろうと思われている母語獲得の場合であってさえも，幼児が受ける言語インプットは「質，量ともに十分なものではない」と言わざるを得ません。このように，不十分なインプットしか受けないことを，**「刺激の貧困（poverty of the stimulus)」**と呼びます。「刺激」とは「耳から入って来る言語インプット」のことを指します。つまり，耳から入って来る言語インプットは，幼児が覚えなければならない，あらゆる言語文脈を網羅できるほどには十分なものではないという意味です。

　不十分なインプットしか受けられないにもかかわらず，幼児が獲得する言語の中身は大変豊かなものとなります。つまり，小学校に入学する前には母語の文法をほぼ獲得してしまっています。「一を聞いて十を知る」ではないですが，(6) で示すように，**インプットで得た言語情報以上のことを幼児は獲得できるようになります。**

(6)　不十分な言語インプット　⇒　脳内　⇒　豊かな言語知識

この「豊かな言語知識」の具体的な事実を，以下の日本語の「自分」の例を基に，まず考えてみましょう。

(7)　日本語の「自分」の解釈

　　　a. 太郎は次郎に自分の写真を見せた。
　　　b. 太郎は［次郎が自分を嫌悪している］と思っている。

　日本語には，「自分」という興味深いことばがあります。「自分」は，いささか軍隊式ですが，「自分は田中と申します」のように，話し手本人を指す用法や，「（そのいたずら，）自分がやったんだろ！」と，話し相手を指す用法もあります。もう１つ別の用法として，(7) に記載したようなものがあります。さて，(7a) の「自分」とは，「太郎」のことか，「次郎」のことかと皆さんが問われれば，何と答えますか？　そうですね，「太郎」だと答えるでしょう。そして，「次郎」を指すことはできないとも答えるでしょう。

　それでは，(7b) の「自分」はどうですか？　この「自分」は「太郎」のことでしょうか，それとも「次郎」のことでしょうか？　「太郎」だと思われた方，頭の中で「次郎」を想定して，もう一度読んでみて下さい。「次郎」でも良さそうではないですか？　一方，「次郎」だと思われた方，今度は「太郎」をイメージして読んでみて下さい。そうすると，「太郎」でも良いことに気づかれるでしょう。そうなのです。(7b) のような文では，「自分」は「太郎」でも「次郎」でもどちらも指すことができるのです。つまり，「自分」の先行詞として，主節の主語と埋め込み節の主語の２つの名詞句が可能なのです。

　では，皆さんはなぜそのようなことが分かったのでしょうか？　「自分」の含まれる (7b) のような文の解釈をこれまでに（たとえば，国語の授業で）習ったことがありますか？　たぶん，誰からも明示的に教えてもらったことはないと思います。また，たとえば，日本語を学習している留学生などから，『どうして「太郎」でも「次郎」でもよいのか説明して欲しい』と言われても説明することができないのではないかと思います。単に，「このような場合，両方ともいいんだよ」と答えるしかないのでは？

　同様のことを英語でも見てみましょう。(8) には英語の himself と he/him の含まれる例文が載せられています。ご存じのように，he/him は代名詞と呼ばれ，himself は再帰代名詞と呼ばれています。「代名詞」というのは，

読んで字のごとく，「名詞の代わりとして使われることば」です。(8) に示す例文の文脈の中で，登場人物が John と Ken だけだとして，文の解釈を考えることにしましょう。すると，(8a) の himself は John を指しますが，(8b) の him は John ではなくて Ken を指すことになります。[105]　また，(8c) の himself は John ではなく，John's father を指します。一方，(8d) の him は John's father ではなく John を指すことになります。

(8)　英語の himself/ he/ him の解釈

　　a. John likes *himself*. (himself = John)

　　b. John likes *him*. (him = Ken)

　　c. John's father likes *himself*. (himself = John's father)

　　d. John's father likes *him*. (him = John)

　　e. When Ken went to Tokyo Disneyland, *he* met Mickey Mouse.
　　　(he = Ken)

　　f. When *he* went to Tokyo Disneyland, Ken met Mickey Mouse.
　　　(he = Ken)

　　g. He met Mickey Mouse when Ken went to Tokyo Disneyland.
　　　(he ≠ Ken)

　さて，それでは (8e), (8f), (8g) における he の解釈はどうなるでしょうか？　(8e) と (8f) の場合は，he は Ken を指すことができますが，(8g) では Ken を指すことができません。Ken でなければ，ここでは登場人物が 2 人ですから必然的に John を指すことになりますが，そうすると，文法的には適切ですが，意味的にはおかしな文になってしまいますね。

　(8) のような例を提示して，英語の he/him, himself が誰を指すのか，そ

登場人物を John と Ken に限定しなければ John でも Ken でもない第三者，たとえば Taro，を指す解釈ももちろん可能です。(8d) や (8g) も同様です。

して，大事なことは，「誰を指してはいけないのか」を5歳の英語母語話者に聞けば，たいてい正しく返答できることが明らかになっています。[106]　日本語にしろ，英語にしろ，当該言語の母語話者は代名詞や再帰代名詞が誰を指すことができるのか，またはできないのかを，誰かから習ったりはしませんし，(7) や (8) に載せた文を言語インプットとして受けることもあまりないでしょう。しかし，代名詞の解釈の知識を子ども時代にいつの間にか身につけているのです。私たちは，言語の知識に関して，「インプットから受ける情報以上のことを知るようになる」ということです。

　「なぜ子どもはインプットから受ける言語情報以上の知識を持つようになるのだろうか？」という問いに対して，1950年代の後半に，ノーム・チョムスキー（Noam Chomsky）というアメリカ人の言語学者は，「それは，**私たち人間には言語の獲得を手助けしてくれる言語獲得能力なるものを脳内に備えて生まれてくるからだ**」という仮説を提案しました。**この言語獲得能力のことを，Universal Grammar（略してUG），日本語では「普遍文法」と呼びます。**[107] 言語インプットとUGの共同作業によって，私たちは，数年という短期間で，かなり複雑な母語の文法を獲得できるのだ，ということです。図3を参照ください。

　ただし，ここで確認しておくべきことは，「獲得しなければならない文法のすべてがUGと関係しているわけではない」，ということです。UGと関係するのは，どの言語にも共通して存在するような文法領域です。たとえば，「語順」「疑問文」「代名詞」「否定文」「主語」「時制」などは，細かな規則はそれ

---

[106] 生成文法理論に基づく母語の獲得研究については，杉崎 (2015) を参照ください。

[107] 詳しくは，（内容はなかなか難しいですが）翻訳されているチョムスキーの出版物 (1989, 1998, 1999, 2003, 2014) などを参照ください。もちろん，原著に挑戦するのも良いと思います。

[108] 生成文法理論に基づく言語獲得の考え方の1つとして，この異なる部分は，プラスとマイナスのスイッチを持つ「パラメータ (parameter)」になっているとするものがあります。この考え方に従えば，たとえば，「音形のある主語が必ず必要」と「音形のある主語が必ずしも必要としない」という二者択一のパラメータが備わっていると考えます。同様に，語順を獲得する際には，「主要部が句の先頭に来る」という値と「主要部が句の先頭に来ない」という値のパラメータが備わっているとします。このような二者択一のパラメータを設定すれば，肯定証拠だけで語順などが早く獲得されることを上手く説明できます。詳しくは杉崎 (2015) などを一読ください。

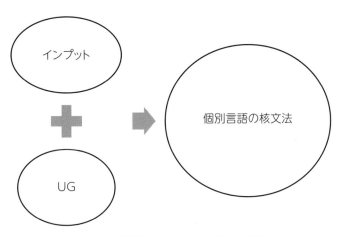

図 3. 母語獲得における UG の関与モデル

ぞれの言語で少しずつ異なりますが，どの言語にも必ず存在します。[108]　そのような項目には UG が関与している可能性が高いわけです。第 1 部でも見てきましたが，「主要部が先か，後か」という語順，wh 疑問文での wh 語が文頭に移動するか，元の位置にとどまったままであるのか，どのように，そしてどこまで要素は元位置から離れて移動してよいのか，主語と動詞との間に性，数，人称などの一致があるのか，ないのか，そして，代名詞が誰を指してよいのか，指してはいけないのか，といったように，どの言語も共通して持っている特性に関して UG が関与するということです。

　一方で，UG の原理と直接関係ないものの例として，ここでは英語の動詞の過去形や名詞の複数形の形態の習得をあげておきましょう。[109]　たとえば，go の過去形は went, take の過去形は took, child の複数形は children, woman は women ですね。このような形態をとるのは「英語独自の決まり」であって，UG の原理とは直接関係がありません。したがって，その形を 1 つ 1 つ覚えていかなければなりません。

109　おそらく，時制そのものは UG と関わっていると思います。動詞の形を変えて時制を表現する言語（例：英語）と，そのようなことをしない言語（例：インドネシア語）があります。

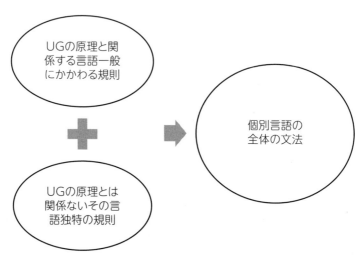

図4. 個別言語の文法獲得モデル

UGを仮定しない言語獲得過程を考えてみる

　一方で，UG を仮定しない言語学者や言語獲得研究者もいます。UG のような言語専有の獲得装置なるものを仮定しなくても，人間は一般認知知能力などを使用して言語を獲得できるのだ。そもそも，遺伝学的にも「言語の遺伝子」なるものが発見されていないではないか，といったような反対の声があります。まず，「言語専有の能力を仮定しなくても言語は獲得できる」についてですが，それでは（6）や（7）での「自分」や him/himself の解釈はどのように身につけたのだろうかと反論したいと思います。誰からも習うことなしに，幼児が一般認知知能力や学習能力を使用して理解できるようになるのでしょうか？

　もう 1 つ別の例を出してみましょう。以下は 1990 年代にアメリカのテレビ局が放送した内容を基にしたものです。[110]　実験者は，おおよそ（9a）の内容を，英語を母語とする 4〜5 歳児たちに聞かせます（もちろん，英語で，で

---

[110] Roeper and de Villiers (1991) にも記載があります。

す）。その後で，それらの子どもたち１人ずつに（9b）の質問をします。また別の子どもたちの集団には（9a）の話を聞かせた後に，（9c）の質問をします。

(9)　a.「木登りの大好きな少年がいました。ある日の午後，少年は木に登っていたのですが，誤って落っこちてしまいました。夕方，家に帰りお風呂に入っている時，少年は足にけがをしているのが分かりました。そして，お母さんに，木から落ちた時にけがをしたんだと言いました」

　　b. When did the boy say he hurt himself?　　答えは２つ。
　　　① When he was in the bathtub（お風呂に入っていた時）
　　　② When he fell off the tree（木から落ちた時）
　　c. When did the boy say <u>how</u> he hurt himself?　答えは１つ。
　　　① When he was in the bathtub（お風呂に入っていた時）

すると，（9b）の質問に対しては２種類の回答（When he was in the bathtub または，When he fell off the tree）が子どもたちから返ってくるのですが，（9c）の質問に対しては１種類の回答（When he was in the bathtub）しか返ってこなくなります。そして，それらは英語の wh 疑問文構造の制約に従った適切な回答だったのです。つまり，（10）で示すように，（9b）の wh 疑問文で wh 語が元々あっても良い場所は２か所考えられます。①と②の場所です。

(10) When did the boy say　①　he hurt himself　②　?

when が①の場所から移動したと考えれば，答えは when he was in the bathtub が答えになります。一方，②から移動したととらえるならば，when he fell off the tree となります。可能な答えが２つあるわけですから，子ど

もたちの答えも 2 つに割れたということです。

　一方で，(9c) の質問ですが，こちらの適切な答えは 1 つとなり，それは①から移動した when he was in the bathtub だけです。(11) を見てください。なぜならば，how という wh 語が要素の移動を邪魔して（つまり，障壁となって），②の位置から [when he fell off the tree] が前方に移動することを妨げるからです。英語にはこのような文法的制約があります。ですから，how があるために，②からの移動ができなくなります。そして，実験参加者の子どもたちからの返答も when he was in the bathtub だけとなりました。

(11) When did the boy say ___①___ *how* he hurt himself ___②___ ?

　子どもたちはこのような移動の制約について誰からも明示的に習っていたとは思われません。たとえ，もし教えられても，きっとよく意味が分からないのではないでしょうか？　しかし，教えられなくても要素の移動に関する制約を適切に理解できているのです。なぜ習わないのに知っているのでしょうか？　**筆者にはこのような言語学的な知識を得るのに，言語専有の能力ではなく，一般認知能力の方が重要な役割を果たしているとは思えないのですが。**

　さらに，もし UG の関与がなければ，それまでに一度も聞いたこともない文を聞いて，その文の文法性を正しく判断できる力，つまり当該の文が文法的に適切か不適切かという判断，はどのように身につけたのだろうかとも思います。(12) にあげる 6 つの英文をご覧ください。再び，wh 疑問文を例にします。

(12)　a. John thought that Mary bought a diamond ring.

　　　b. What did John think that Mary bought _____?

　　　c. John said that Sue believed that Mary bought a diamond ring.

d. What did John say that Sue believed that Mary bought _____?

e. John made the claim that Mary bought a diamond ring.

f. *What did John make [*the claim* [that Mary bought _____]]?

どの文も that Mary bought の後ろにあった bought の目的語である［a diamond ring］が wh 語となって文頭に移動したものです。同じような部分から wh 語が移動していますが，（12b）と（12d）は文法的に適格なのですが，（12f）は不適格となります。これは，［the claim that］の部分が鍵となるのですが，この部分は「複合名詞句（complex noun phrase）」になっています。そして，**英語では，「複合名詞句の中にあるいかなる要素（語や句）もその外に取り出すと不適格文となる」という制約があります。**（12f）の構造は，この制約に違反しているのです。

　このような制約について，子どもは誰かから明示的に教えてもらったりはしないのではないでしょうか？　**文法的に誤った文は誰もことばに出して発したりしませんから，幼児が受けるインプットには存在しないことになります。**文法的に誤った文は聞くことがないのです。そして，言語専有でない認知能力を使って自分で規則を導き出すことができるのでしょうか？　言語獲得の事実として，小学校に上がるぐらいの年齢の英語母語話者であれば，（12b）と（12d）の文は適格だと判断しますが，（12f）は不適格だと判断できるのです。再び，筆者は，このような複雑な文法性を判断する力は一般認知能力などから導き出されるものであるとは到底思えないのです。

　「遺伝学的に言語遺伝子が発見されていない」についてですが，現在までのところ，言語獲得に関与する遺伝子であると確証できるものは，たしかに発見されていません。しかし，発見されていないからと言って「ない」とは言えないと思います。「幼児は，誰からも明示的に教わることなしに，そして，誤りを訂正されることもなしに，数年間という短期間で複雑な文法を獲得してしま

う。しかも，インプットとして受ける言語資料以上の知識を得ることができる」という「獲得の事実」があり，その事実に対し，「幼児はなぜこのような芸当ができるのだろうか？　という問いに答えようとするとき，「それは言語の獲得を手助けしてくれる生得的に備わった言語獲得装置があるからではないか」という仮説が導かれるのです。

　「今のところは発見されていないけれども，きっとあるに違いない」という仮説を立てることは，自然科学の世界ではよくあることだと言われています。電子顕微鏡や電子望遠鏡のなかった時代には発見できずに仮説のままであった物質や天体が，現在では実在することが明らかになっています。ノーベル賞受賞者の湯川秀樹博士の中間子理論や，太陽系の最も遠くにある惑星の存在なども，まずは「いろいろな事象を鑑みると，そういうものがあるに違いない」という仮説から出発したのだと聞いています。UG の存在を疑う人は，UG なしに質的にも量的にも不十分な言語インプットと，幼児の（さほど高くはない）一般認知能力だけで，人間の身につける豊かな言語知識，そしてさまざまな言語現象や言語獲得の過程をどのように説明するのか，筆者には興味深い疑問となります。

母語での音声の獲得過程

　ここから私たちは母語の音声をどのように獲得するのか，考えて行きましょう。まずは音の識別能力について考えていくことにします。単純に考えれば，目もまだよく見えず，身体も十分に動かすことのできない赤ちゃんの脳の中に，人間の言語音の識別能力が備わっているとはとても考えにくいわけです。脳の中は白紙の状態になっていて，生まれてから周囲で話されている自分の母語となる言語を聞いているうちに，日常頻繁に聞く音から１つ１つ獲得していくのだと想像しても，あながち的外れではない気がします。時間の経過とともに，幼児が獲得する音の数が次第に増えていって，数年後には，その子が母語で使用しなくてはならないすべての音の獲得ができている，という考え方です。こ

の経緯を視覚的に表せば，図5のようになります。さて，このような考えを「仮説1」としましょう。図中の「A，B，C，D，…」は個別の音素だと思ってください。

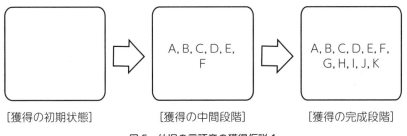

[獲得の初期状態]　　　　　[獲得の中間段階]　　　　　[獲得の完成段階]

図5. 幼児の言語音の獲得仮説1

もう1つ別の考え方も可能です。それは，**「頼りなく見える赤ちゃんだが，実は脳内に人間言語で使用される言語音の知識を持って生まれてきているのだ」という考え方です。**生まれたばかりの赤ちゃんの様子を想像すれば，一見すると突拍子もない考え方のように思われるかもしれませんが，これを「仮説2」としましょう。仮説2に従えば，赤ちゃんは人間言語で使用する，あらゆる音の区別ができる状態で生まれてくるわけですが，「周囲で話されている言語音を聞いていると，どうも使っていない音（自分の言語には必要のない音）があるようだ。そのような音の知識はひとまず必要なさそうだから，脇に置いておこう」といったように（無意識に）考えるのではないでしょうか。そして，自分の母語では必要のない音は脳内の「押し入れの中」（これは，かなり比喩的な言い方なのですが）にしまってしまい，自分が母語で必要な音だけに反応するようになる，ということです。

　仮説1と仮説2，どちらが実際の獲得過程として妥当性のあるものなのでしょうか？　もし，仮説2が正しいのであれば，日本語を母語とする私たちでも，生まれた当初は，たとえば日本語にはない音素の /l/ と /r/ の区別ができていたことになります。これは本当でしょうか？

　1980年代以降，赤ちゃんの音素識別能力を調査する実験研究が数多く行わ

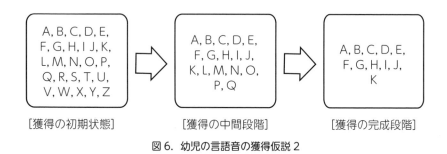

[獲得の初期状態]　　　　　[獲得の中間段階]　　　　　[獲得の完成段階]

図 6. 幼児の言語音の獲得仮説 2

れてきました。それらの実験結果から導かれた結論を先に述べれば，**「はい，日本語母語話者でも，/l/ と /r/ の区別ができていた時期があります」**ということになります。どうやら仮説 2 の方が正しいようです。意外でしたか？では，何歳ごろまで区別できていると思いますか？　3 歳？　6 歳？　10歳？　答えは，もう少し前で，「生後 10 か月ぐらいまで」というのが一般的な結論のようです。[111]

　短い期間だと思われた読者もいるかもしれません。しかし，逆の見方をすれば，「自分の獲得しなければならない言語音とは無関係の音を，いつまでも保持している必然性がない」ということだとも言えます。人間としてことばを使用して生きていくためには，できるだけ早く母語を獲得する必要があります。しかも，音声の獲得は最重要課題の 1 つです。余分な音の認識をいつまでも保持しなくてよいように，脳内でプログラミングされているとしても不思議ではありません。

　では，一旦認識ができなくなってしまった音は，「永遠に」できなくなったままなのでしょうか？　**筆者は，成人となってからでもそれなりの努力をすれば，再び認識ができるようになると考えています。**イントネーションなどの超分節音素（suprasegmental phoneme）は，成人第二言語学習者ではなかなか習得困難ですが，少なくとも，外国語の個別音素の弁別は思春期を過ぎてから

---

[111] 河野守夫（2002）「乳幼児の非母語音声弁別能力の発達的変化のメカニズム」『心の発達：認知的成長の機構』pp. 479-490. 平成 9 年度～12 年度科学研究費補助金特定領域研究（A）研究成果報告書に詳しく載っていますが，ただしこれは報告書なので入手しにくいかもしれません。

でもかなり可能になると思っています。

　1990年代の話になりますが，海外（英語圏）に長期滞留した経験のある，いわゆる帰国子女の英語の習得状態を筆者は調査したことがあります。その調査の一部として，「日本語母語話者には最も識別が難しいと言われている /l/ と /r/ の区別が，これらの帰国子女達はできるようになっているのか？」という疑問を調べました。その結果，筆者の作成した /l/ と /r/ の識別テストで高得点（全99問中でほぼ満点）を取った子ども達が少なからずいたのです。この子達は，英語圏滞在中の英語インプットのおかげで，/l/ と /r/ の識別が，特別な訓練を受けずに，再び可能になったと考えられます。

　彼らは，英語圏での滞在期間，英語圏への到着年齢，当地での英語との接触状況，日本への帰国後の年数の相違など，個人的変数が多いため，筆者の調査結果（未公開ですが）を一般化することは難しいことをご了承ください。しかし，敢えて言うならば，彼の地に最低でも2年は滞在し，学校教育を受けていなければ（つまり，英語母語話者との日常的な接触がなければ），たとえ年齢の若い子どもと言えども，/l/ と /r/ の識別が再びできるようにはならない気がします。そして，調査結果を基にすると，英語圏への到着年齢が若い子どもの方が年長の子どもより，短期間で /l/ と /r/ の再識別ができるようになるような気がします。

　このような観察結果を基に立てられそうな仮説を述べてみます。まず，幼児が1歳になる頃，脳内から捨ててはいないけれども，一旦，「脳内の押し入れの中（これは，あくまでも比喩的な表現なのですが）」にしまい込んでしまった母語では使用されない音素（これを「音素P」としましょう）ですが，第二言語学習者がこの音素Pを再び適応量聞くことができる言語環境におかれると，当該学習者の言語音を司る脳の部位は，音素Pを見つけ出そうと頭の押し入れの中を探すようになるのではないでしょうか。そして，音素Pを見つけると，自由に弁別できる言語音の1つに迎え入れ，再び他の音との区別ができるようになるわけです。

　年齢が若い頃は，母語には存在しないが他の言語には存在する音素群がおそ

らく，押し入れの入口近くに置いてあるのだと思います。ですから，それらを探すときにもすぐに見つかりやすい。ところが，ある程度年齢が経ってから母語にない音素を探し始めると，それらは長年の間聞かずに放っておいたものだから，脳内の押し入れの奥底にしまい込んだ状態になっているのではないでしょうか。**年齢が上がれば上がるほど，母語では使用しない音素を見つけ出すのに時間がかかるようになるという仮説をここでは提示したいと思います。**

　「第二言語の習得・過程」の節（p. 140）でも触れますが，このような理由からも，小学校の英語教育では，英語の音声をできるだけたくさん聞かせることがよいことだと思います。特に，1つ1つの音素の区別もさることながら，より習得の難しい文全体のイントネーション（抑揚）に慣れ親しませることは，とても有意義なことだと思います。毎回の授業で必ず音声を聞かせ，聞こえたままを真似させ，発音させることを実践するべきでしょう。

　小学校の英語授業だけではなく，中学校，高等学校，大学の英語の授業でも音声の訓練をしていき，日本の英語教育の中で体系だった音声指導を確立することが大事になります。こういうところに「小中高（大）の連携」の意義があるのだと筆者は考えます。ただし，だからと言って，子ども達に成果を過剰に期待することは避けるべきです。少し（たとえば，1時間の授業で数分間）英語を聞いたぐらいでは，もちろん聞かないよりはましでしょうが，英語の音声を完全に習得できるまでには行かないことを，私たちは心しておくべきです。

人類のことばの獲得

　すでに触れましたが，私たちのことばは，それぞれの言語に特有の規則だけからで構成されているということはありません。ヒトのことばであれば，どの言語にも共通にみられる普遍的な部分があります。前述した普遍文法（UG）が関与する領域と言ってもよいでしょう。すべてのことばに通じる普遍的な要素があるということは，一見すると似ていないような言語の間にも共通性が存在するということを示唆しています。そのようなものが本当にあるのか，と思

われる方もいらっしゃると思いますが，前述したように，それがあるのです。ここで特に注目すべき点は，p. 122 でも扱いましたが，「併合」とそこから出来上がる「階層的句構造」というもので，すべての人間の脳内にある，共通のことばの知識であると考えられています。

　さて，人類はいつごろ，どのようにことばを獲得したのでしょうか？　この問いは，かなりの難問です。壮大なスケールの問いでもあり，ロマンもあります。古代エジプトの女王，クレオパトラ（紀元前 69 年〜紀元前 30 年）はことばを話していましたし，もっと前のエジプト人たちもことばを話していました。ことばなしには，ピラミッドなど作れなかったでしょう。インド・ヨーロッパ祖語は今から 6 千年前の言語だということも説明しました。ということは，ことばの誕生は今からかなり前の話であることは容易に想像がつきます。

　本節では，池内（2010），ビッカートン（1998），Jackendoff（2002）の論考と，生成文法理論に基づいた枠組みでこれまで研究されてきた仮説を基に，ことばの誕生について考察していきます。「ことばの誕生」について，筆者は以下で展開するストーリーを大変興味深い仮説だと考えています。しかし，この仮説はあくまで，これまでにいくつか提案されてきている仮説のうちの 1 つにすぎないということも念頭においてください。本書では扱いませんが，他の仮説を主張する研究者もいます。ことばの誕生を考えるということは，何万年も前の出来事を，現代にわずかに残された手掛かりを基に推測していく作業ですから，これはとても大変なことなのです。しかし，人間とは何かを考える上でも，私たちは今後もことばの誕生について深く考察していく必要があると筆者は思います。

　前置きはこのぐらいにして，本題に入ります。ビッカートン（1998）に従って，ヒトのことばの歴史を，「**原始的な原型言語（protolanguage）」の誕生と，現在の言語の基となる形（これを「真性のことば」と呼ぶことにします）の誕生の 2 段階に分けて考えることにします。**まず，第 1 段階の原始的な原型言語ですが，化石などから判断すると，今から 180 万年ぐらい前のホモ・エレクトスのころに誕生したと仮定します。この頃，人類は急に脳容量が増大し

たようです。道具についてもそれ以前の人類（ホモ・ハビリス）はとても粗雑なものしか作れませんでしたが，ホモ・エレクトスは対称的な両面の石の手斧を作ったとされています。また，ホモ・ハビリスは火を使用できませんでしたが，ホモ・エレクトスは使用できたようです。以上のように，**脳容量の増大だけでなく，道具，行動なども考え合わせると，どうも180万年前ぐらいのホモ・エレクトスの時代あたりから，ことば（原型言語）を持つ人類が登場してきた**と言えるとのことです。

　この原型言語の特徴を推測すれば，語を2つ3つ繋げただけのもので，語彙数もまだ多くなく（が，もちろん，ゼロではありません），発せられる音声も不鮮明で，数音節で発話されるものだったと考えられます。おそらく，上で見てきたような，「ここ　危ない」「獲物　いる」といったような，2歳以下の幼児の発話に近いものだったのではないでしょうか。2，3の語が連続して発話されましたが，そこには語と語をくっつける併合や，その結果として出来上がる階層的句構造は存在しませんでした。たんなる線的な左右の関係だけでした。

　その後，今からおおよそ20万年前，私たちの直接の先祖であるホモ・サピエンスが東アフリカに暮らしていました。そして，**5万年ほど前に，彼らに行動の進化が起こり，後期石器時代が始まった**のです。人々はいろいろな種類の手の込んだ石器を作るようになりました。それとともに，狩猟や採集もうまくなりました。この東アフリカに住んでいたホモ・サピエンスの一団が5万年前に「出アフリカ」をして，世界各地に散らばったのです。

　このような**ホモ・サピエンスの行動，想像力，知性，文化の急激な変化を**「真のヒトのことば」の起源と結びつけられるのではないかということです。つまり，「真性のことば」を使用して物事について深く考えられたからこそ，このような複雑な行為・行動がとれたと考えるわけです。ことばを持っていたからこそ，互いの意思疎通，理解と協力，共同作業ができ，狩猟や採集，複雑な石器作りなどが可能となり，互いに協力し合い困難な難局を乗り越えて出アフリカもできたということです。

　したがって，併合は人類の祖先がホモ・サピエンスになってから生じたと考

えられます。しかし，併合という機能が，大勢の人たちに遺伝的に広まるには長い長い年月が必要ですから，**併合がある一人の人に初めて創発したのは，およそ6万年～7万年前のころ**だと想定します。つまり，東アフリカに住む人々のある集団のある一人の脳の遺伝子に**突然変異**が起こり，併合が生じたのです。[112]　これがすべての始まりのはずです。併合という能力を持ったこの人は，ことばを使って複雑な思考，計画，解釈ができました。他のヒトよりも明らかに外界への適応度は高まり，その人の子孫にも併合という能力が受け継がれていったでしょう。

　併合の能力を持った子孫たちは，周囲の状況に対して，やはりより適応能力が高かったはずです。そして，それぞれの子孫がまたそれぞれの子孫を残していきました。そうするうちに，その集団は併合という能力を持った人々だけから構成されるようになりました。この集団は，併合能力のない集団（つまり，真性のことばを持たない集団）と戦争をすれば勝利を収めたでしょう。なぜならば，複雑な戦術を複雑なことばの体系を利用して練り，仲間同士，互いにコミュニケーションすることで戦いができたからです。この集団は少しずつ大きな集団となっていきました。そして，相当の時間をかけて（1万年とか2万年），ある一定の数の人々が真性のことばを使用できるようになった後で，彼らはアフリカを後にし，ヨーロッパや中東，アジアに進出していったのです。現在の世界の言語を見渡せば，併合はすべての人類の言語に備わっているのですから，私たちの祖先がアフリカを出る前に身につけていたものだと考えることが妥当なのです。

　突然変異について少々述べてみます。進化の原因は遺伝子における何らかの突然変異が唯一の原因のようです。そして，一般的にはほとんどの突然変異は，その個体にとってプラスでもマイナスでもないようです。しかし，時としてプラスに働くこともあります。逆に，マイナスに働くこともあります。併合と，

---

[112] 酒井（2009，2019）によれば，併合という能力を持つ最初の子どもは双子だったのかもという考えもあるようです。

併合を繰り返すことで作られることばの階層構造を身につけた私たち人間のことばの獲得のケースは，たまたまプラスに働いたということです。ヒトは長い文を話せるようになり，長い文はそれだけ情報量が多く，構造も複雑になるわけですから，よりバラエティに富む思考，解釈，計画が立てられることになり，動物として生存しやすくなります。現在私たちの使用することばをもたらす原因となった遺伝子の突然変異は，たまたま良い方向への変異，つまり「正の淘汰」を受けたということになります。

 # 第二言語の習得過程

第二言語習得の4つの特徴

　第二言語習得の特徴を（13）に示すように4つにまとめてみました。（13a）の「発達過程がある」と（13b）の「習得難易度がある」は，母語獲得の時と同じ特徴ですが，（13c）「母語の特性から影響を受ける」と（13d）「最終到達度において個人差が顕著である」は，第二言語習得に特有のものだと言えます。以下では，それぞれの特徴を1つずつ検討していきます。

（13）第二言語習得における特徴
　　　　a. ある項目が習得できるまでの発達過程がある
　　　　b. 学習項目間に習得難易度が存在する
　　　　c. 学習者の母語の特性から影響を受ける
　　　　d. 最終到達度において個人差が顕著である

発達過程が存在する

「母語の獲得過程」の節で述べたように，「発達過程がある」というのは，た

とえば，wh 疑問文を習得する時に，一気に適切な構造が産出できるようになるのではなく，wh 疑問文構造の全体が適切に使用できるようになっていくまでの発達の段階があるということです。母語獲得の場合と同様に，**第二言語習得でも発達過程がある**ことが判明してきています。[113]　しかし，母語獲得と第二言語習得の場合で大きく異なるのは，後者では母語からの転移などの要因が微妙に発達過程に影響を与えることで，同じ項目であっても（例：wh 疑問文の発達），母語獲得の際の発達過程とまったく同じようにはならないのが一般的です。

　また，異なる母語を持つ学習者間（例：英語を学ぶスペイン人と日本人の間）で，同じような道筋はたどるものの，発達の仕方が若干異なっても来ます。たとえば，母語からの影響などを受けて，発達の第 1 段階にいる時間がある言語の母語話者では長くて，別の言語の母語話者では短いなど。しかし，同じ母語を持つ第二言語学習者間，たとえば日本語話者同士では，きわめて類似した発達過程をたどることが，多くの習得データから明らかになってきています。

　海外で出版された第二言語習得の入門書などに，英語の発達過程の代表例としてよく載っているのが，否定文の発達過程や疑問文の発達過程などです。ただし，これらの入門書に掲載されているのは，スペイン語母語話者やドイツ語母語話者などの英語習得を調査した結果に基づいたものが多いようです。上述したように，母語が異なると発達過程も異なるところが出てきます。その大きな要因の 1 つには母語からの影響が考えられます。

　本章では，Koike（1983）の実験データを基にした，日本語を母語とする子どもの英語の否定文の発達過程を考察することから，JLEs の否定文の発達について見ていきたいと思います。実験参加者は，両親とともに渡米した幼稚園から小学校年齢の 3 名，Sachiko（S），Jun（J），Nobi（N）です。ワシントン DC に到着後からの 1 年間の発話データを基にしています。以下に載せる

---

[113] 異なる構造や文法形態素が習得されていく順番のことを「習得順序」と呼び，特定の構造（例：wh 疑問文）を習得していく過程を「発達段階」と呼びます。

発話例の構成は，白畑が独自にアレンジしたものです[114]。

　発達段階 1 ですが，3 人の子ども全員，最初の 3 か月間の英語発話はとても限られたもので，この段階では否定に関する自然発話はありませんでした。発達段階 2 になると，最年少者の Sachiko だけが no の発話をしていますが，最初は外置された no を使用していることが分かります。この傾向は，Lightbown & Spada (2006) などの入門書に載せられている「否定文の発達過程」で取り上げられている「第 1 段階」と同じです。また，I don't know. は，「自分が知らないときにはこのように言えばよいのだ」という学習方略として，3 人全員が，1 つのかたまり（チャンク）として覚えたのではないでしょうか。No, don't! も同様で，「嫌だ，やめて」というときのチャンク的な表現として比較的早く使用できるようになったのだと思います。数はそれほど多くはありませんが，挨拶表現（例：Good morning. How are you? My name is …）や断りや拒否の表現（例：No thank you. I don't know.）などを含め，一定のかたまり（フレーズ）を最初に覚えるというのも第二言語習得者の特徴でもあります。したがって，**母語獲得とは異なり，「クーイング期 ⇒ 喃語期 ⇒ 一語期 ⇒ 二語期 ⇒ 多語期」という習得過程はたどりません。**

(14)　発達段階 1：滞在 1 か月〜3 か月
　　　否定に関連する発話は観察されず

(15)　発達段階 2：滞在 4 か月〜6 か月
　　　a. This is no.　Girl is no.　Monkey study. So no study, no, no, no. (S)
　　　b. This is no teacher. (S)
　　　c. Oh, no. That's not right. (S)
　　　d. I don't know. (S, J, N)

---

[114] 発話データ自体は Koike (1983) の P80, pp. 173-174, P287 から引用したものです。

　　e. No, don't!（S, J, N）

（16）に載せた発達段階 3 ですが，この段階のデータから，don't の使用と
can't の使用が早いことが分かります。特に can't の使用が目立ちます。また，
Sachiko だけですが，won't も発話しています。どの子どもからも doesn't
と didn't の発話は観察されていません。[115]　発達段階 4 になると，否定の発
話がさらに増えてくることが分かります。（17）を見てください。そして，
doesn't と didn't の発話も少しずつ出てきていることが分かります。

（16）発達段階 3：滞在 7 か月〜9 か月
　　a. I can't keep it./ You can't copy that./ You can't have it
　　　 yourself.（S）
　　b. I can't tell you./ You can't drive to the zoo.（N）
　　c. We can use the record player but we can't play tennis.（J）
　　d. Nappy won't come today./ I won't help you any more.（S）
　　e. I don't have a big one./ If I don't like it, I don't eat it./ So
　　　 they don't know what this is, okay？（S）
　　f. We don't have（a）queen.（J）

（17）発達段階 4：10 か月〜12 か月
　　a. You can't say that./ I can't marry her.（S）　Hey, you can't
　　　 see it.（N）　I was trying（to say it but）I couldn't.（J）
　　b. I don't want no（= any）block.（S）　You don't need（an）

---

[115] 個人で収集した発話データ，またはコーパスデータを解釈・分析する際に注意しておかなければならないこ
とは，「調査しようとするある文法構造が，収集した習得データの中で発話されていないからと言って，その
学習者が本当に発話（習得）できていないかどうかは分からない」ということです。データを収集している
ときに「たまたま発話しなかった」だけなのかもしれないということです。たとえば，1 人で話をしている
場面を録音している時などにはほとんど疑問文は発話されませんが，だからと言って，その学習者が疑問文
を習得できていないとは言い切れません。ここが自然発話に頼るデータ収集・分析の泣き所となります。

umbrella. (J)　They don't know (the) teacher's talking. (N)

c. It doesn't matter. (S)　If he doesn't know, I'm going to tell him. (J)

d. I didn't came (= come) out. (N)

e. We are not going on the airplane. (S)　I'm not going to tell him. (J)

f. Don't make that little one. (S)　Don't fix it. (J)　Don't be greedy. (N)

　以上の自然発話データと，筆者の否定文に関するこれまでの収集データを総合すると，JLEs は，次のような英語の否定文の発達過程をたどるのではないかと推測できます。

表 1．JLEs の否定文の発達過程予想

発達段階 1：No のみを産出する。No の外置での使用や，don't を使った否定や拒否の定形表現を産出する。[116]
　　例：No. (または，No, no, no). *No study. *No book.
　　例：I don't know.
　　例：(拒否) No, don't!

発達段階 2：一般動詞の否定文で don't ではなく be 動詞 (例：isn't) を使用する割合が多い。
　　例：*You aren't drink coke. (⇒ You don't drink coke.)
　　例：*Taro isn't eat sushi. (⇒ Taro doesn't eat sushi.)

---

[116] 発達段階 1 での表現は，小学生や中学生が和文英訳や文法問題演習をする際に観察される発話というよりも，自由に会話をしている際に観察されるものです。

発達段階3：平叙文，命令文で don't と can't をほぼ適切に使用できるようになる。

　例：I don't have a pen. You can't drive a car. Don't go.

発達段階4：過去時制で didn't をほぼ適切に使用できるようになる。しかし，主語と動詞が隣接していない構造の場合には didn't を don't で使用する場合もある。

　例：Taro didn't watch the movie yesterday.

　例：*I sometimes don't go to school last month.

　　　　　　　　(⇒ I sometimes didn't got to school last month.)

発達段階5：三単現において doesn't をほぼ適切に使用できるようになる。さらに，主語と動詞が離れた構造でも時制を誤ることがほぼなくなる。

　例：My sister doesn't like apples.

　例：I sometimes didn't go to school last month.

　以下でも，筆者がこれまでに収集してきた第二言語習得データを基に，12項目における JLEs の発達過程予想を紹介したいと思います。[117]

JLEsのYes/No疑問文（一般動詞）の発達過程

　一般動詞の Yes/No 疑問文の場合の重要な統語的操作は，疑問文になっても語順は平叙文の場合と変わらないわけですから，DO（do/does/did の代表として使用します）を適切な形で挿入できるかどうかということになります。初級学習者の発話を観察していると，「DO の代わりに be 動詞で代用するケース」がしばしば見受けられます（例：Are you study English?）。JLEs の

117　残念ながら，JLEs の英語発達過程の全容は今もって分かっていません。純粋に学問的に，彼らの英語発達過程を明らかにすることは重要ですし，そういった研究成果を英語指導法に応用するためにも，これからの研究が必要な分野です。

Yes/No 疑問文では，このような段階が初期の発達段階なのだと思います。

　次の第2段階は，「be 動詞の誤使用が減少し，DO の使用が増加してくる段階」です。この段階では，did や does の使用も散見されますが，それらの代わりに依然として，do を使用してしまう発話が多く見られます。そして，第3段階は，「現在と過去時制では do, did の適切な使用がほぼできるようになっているのですが，三単現の場合では依然として do を使用してしまう場合が多い段階」です。

表2. JLEs の Yes/No 疑問文（一般動詞）発達過程予想

発達段階1：DO の代わりに be を使用する発話が多い。
　例：*Are you play tennis?（⇒ Do you play tennis?）
　例：*Is he like spaghetti?（⇒ Does he like spaghetti?）

発達段階2：一人称，二人称現在時制では do が適切に使用できるが，過去時制や三単現の際にも依然として do で代用してしまう場合が多い。
　例：Do you like soccer?
　例：*Do you play tennis yesterday?（⇒ Did you play tennis yesterday?）
　例：*Do your mother like EXILE?　（⇒ Does your mother like EXILE?）

発達段階3：一人称，二人称現在と過去時制では do, did の適切な使用がほぼできるが，三単現では時として do を使用してしまう。
　例：Do you like Karaoke?
　例：Did Ken go back to Tokyo?
　例：*Do your mother play tennis?（⇒ Does your mother play tennis?）

発達段階4（最終段階）：do, does, did の使い分けがほぼ可能になる。
　例：Do you know Jack Smith?
　例：Does Jack live in Arizona?
　例：Did you call me last night?

JLEsのwh疑問文の発達過程

これまで見てきたように，日本語の wh 疑問文では，wh 語を文頭に移動する必要がありません（例：太郎は何を買ったの？）が，英語では必ず文頭に移動する必要があります（例：What did Taro buy?）。よって，初級の JLEs の発話では，wh 語が元位置に置かれたままの文が多々発話されるという予想もたちますが，興味深いことに，実際にはそのような発話はまれです。したがって，wh 疑問文習得の発達段階 1 としては，「wh 語を文頭に置ける」ということになります。[118]　発達段階 2 として，「be 動詞を使用した適切でない形の場合もあるが，助動詞を挿入できる段階」が来ます。第 3 段階は，「DO の時制を間違える場合もある（つまり，did や does の代わりに do を使用してしまう）が，DO の代わりに be 動詞を使用する場合がほぼなくなる段階」です。

　第 4 段階は，「does をまだ十分に適切に使用できないが，did はほぼ間違わないように使用できる段階」，第 5 段階として，「三単現 does もほぼ間違わないで使用できる段階」が来ます。第 6 段階は，「主語 wh 疑問文以外の wh 疑問文を適切に産出できる段階」です。しかし，この段階は依然として主語 wh 疑問文の習得が十分でない段階です。第 7 段階は，「主語 who 疑問文を適切に産出できる段階」です。主語 wh 疑問文では，有生物となる who 疑問文よりも，wh 語が無生物となる what 疑問文の習得の方が困難であることが，筆者たちの調査で判明しています。[119]　そして，最終段階の発達段階 8 ですが，その「主語 what 疑問文も適切な構造で産出できる段階」になります。

---

[118] 「wh 語を文頭に移動できる」のではなく，「置ける」と表現したのは，この段階の JLEs が wh 語を元位置から移動すべき適切な位置（cp の指定部の位置）に本当に（というのは，正しく理解した上で）移動させているか分からないからです。詳しくは，横田・白畑・須田（2019）を参照下さい。

[119] Shirahata, et al. (2017) The interaction of animacy with the *wh*-extraction by Japanese learners of English. *Conference Proceedings: PacSLRF 2016*, 181-186.

表3. JLEs の wh 疑問文（一般動詞）発達過程予想

発達段階 1：DO 挿入はできていないが，wh 語を文頭に置くことができる。
　例：*What you eat？（⇒ What do you eat？）
　例：*Where Tom live？（⇒ Where does Tom live？）

発達段階 2：be 動詞を使用するなど，適切な形でない場合もあるが，助動詞を
　　　　　挿入できる。随伴（pied-piping）ができない場合もある。[120]
　例：*What do you buy yesterday？（⇒ What did you buy yesterday？）
　例：*What are you eat？（⇒ What do you eat？）
　例：*What do you like subject（⇒ What subject do you like？）

発達段階 3：依然として DO の時制はしばしば間違えるが，be 動詞はほぼ使用
　　　　　しなくなる。また，随伴ができるようになる。
　例：*What do you eat last night？（⇒ What did you eat last night？）
　例：*Who do you meet yesterday？（⇒ Who did you meet yesterday？）
　例：What subject do you like？

発達段階 4：does をまだ十分に適切に使用できないが，did はほぼ間違わない
　　　　　ように使用できる。
　例：Who did you meet yesterday？
　例：*Where do your brother live？（⇒ Where does your brother live？）

発達段階 5：三単現 does もほぼ間違わないで使用できる。
　例：Where does Mary live？

---

[120] wh 移動をするとき，wh 語のみならず，wh 語を含むより大きな名詞句や前置詞句が移動しなければならない（これを，随伴と呼びます）のに，wh 語のみを移動してしまうような誤りが初級 JLEs には見られます。本文の例で言えば，[what subject] 全体を移動しなければならないのに，what だけを文頭に移動し，subject を元の位置に残してしまうような誤りです。

発達段階 6：主語 wh 疑問文以外の wh 疑問文をほぼ適切に産出できる。
　　例：When did Mary come?
　　例：Where does your brother live?
　　例：*What did make Nancy happy?（⇒ What made Nancy happy?）
　　例：*Who did you make this spaghetti?（⇒ Who made this spaghetti?）

発達段階 7：主語 who 疑問文を適切に産出できる。
　　例：Who made this spaghetti?

発達段階 8（最終段階）：主語 what 疑問文も適切な構造で産出できる。
　　例：What made Nancy happy?

JLEsの無生物主語構文の発達過程

　主語になる名詞句が有生物であるか無生物であるかによっても，JLEs の習得の早さに差が生じます。JLEs の産出データ（ライティングなど）を分析すると，無生物名詞句が主語に来る場合に，たとえば happen や appear などは自動詞であるから，受動態は許容されないにも関わらず，*A traffic accident was happened last night.（⇒ A traffic accident happened last night.）や，*A ball was appeared from the box.（⇒ A ball appeared from the box.）といった受動態になった文が産出されます。[121]

　この現象はなかなか興味深いものです。なぜかと言えば，日本語で「交通事故が起こった」「ボールが箱から出てきた」と自動詞表現（能動態）で言う言

---

[121] 動詞の内容の影響を受ける有生物や無生物を主語に取ることができる自動詞（happen, appear, arrive など）を非対格動詞（unaccusative verb）と呼びます。一方，有生物（動作主）のみを主語とする自動詞（swim, cough, run など）は非能格動詞（unergative verb）と呼ばれます。この 2 つの動詞は主語となる名詞句の性質が異なるのです。

い方が存在するわけですから，それをそのまま転用すれば，A traffic accident happened. という適切な文が容易に産出されてもおかしくはないわけです。ところが，母語（日本語）に類似した表現が存在するにもかかわらず，JLEs は自動詞文をなぜ受動態にしてしまうのでしょうか？

　この自動詞の過剰受動化現象の説明にはいくつかの異なる仮説が提案されています。[122]　それらの仮説の中で，筆者は「主語となる名詞句が無生物の場合の方が受動化が生じやすいが，その無生物名詞句の中でも特に『自力では動く気配のない無生物が主語』である場合に，このような受動化が生じやすい」という説を支持しています。要するに，無生物であっても bus や train のように「（自分の意志ではないが）動くもの」の時ではなく，letter や pen などのように「自力では動かないもの」が主語に来た時に，受動化が最も生じやすいという説です。

　では，同じような自動詞文が日本語（母語）で許容されているにもかかわらず（例：一通の手紙が僕の家に届いた），なぜ letter や pen などが自動詞の主語に来ると過剰に受動化してしまうのでしょうか（例：*A letter was arrived at my house.）？　もちろん，A letter arrived at my house. は適格な英文なのですが，こうすると，手紙がまるで自分の意志で家に到着したような感じになるからではないかと筆者は考えます。読者の皆さんはどうですか？

　次に，無生物を主語に持つ他動詞文において，たとえば，A headache kept me awake all night. や This picture reminds me of the good old days. といった文がなかなか使用できないのも JLEs の特徴です。このような無生物主語を持つ他動詞構文の習得が遅くなるのは，日本語で，「頭痛が私を一晩中起きさせていた」とか「この写真は私に古き良き日々を思い出させる」といった言い方が，非常に堅苦しい翻訳調の言い方で，普段の日本語（口語）では使用しないことが原因の1つに考えられます。[123]　特に，「無生物主語＋他動詞＋無生物目的語（例：濁流が静岡市を襲った）」よりも，「無生物主語＋他

---

[122] 詳しい説明について興味のある読者は，白畑他（2020）を一読ください。

動詞＋有生物目的語（例：濁流が私を襲った）」といった構文の方が，日本語ではたいていの場合「より堅苦しくぎこちない日本語」となることが影響しているのだと思います。[124]　上の自動詞の際の過剰受動化の時とは異なり，JLEs が他動詞文での無生物主語構文の習得で遅延するのは，日本語の他動詞構造に原因があるのではないかということです。

　以上の考察を踏まえ，表 4 に JLEs の無生物主語構文の発達過程を記します。

表 4. JLEs の無生物主語構文の発達過程予想

発達段階 1：自動詞文でも他動詞文でも無生物主語構文が適切に産出できない。
　例：*A traffic accident was happened last night.
　　　　　　　　　　　　（⇒ A traffic accident happened last night.）
　例：*A ball was appeared from the box.
　　　　　　　　　　　　（⇒ A ball appeared from the box.）

発達段階 2：無生物主語の自動詞構文を受動態にしなくなってくるが，他動詞文では無生物を主語とする発話はない。
　例：A traffic accident happened last night.
　例：A ball appeared from the box.

発達段階 3（最終段階）：無生物主語を持つ他動詞構文の産出ができる。
　例：A headache kept me awake all night.
　例：This picture reminds me of the good old days.

---

[123]　上の自動詞文の説明では，「日本語からの影響ではなさそうだ」と書いておきながら，ここでは「日本語からの影響ではないか」と説明するのは矛盾するようで少々気が引けるのですが，現時点では本文に書いたように考えています。
[124]　角田（2009）も参照ください。

JLEsの疑問文と否定文でのdidの発達過程

　同じ did の使用であっても，疑問文での did と否定文での did の使用には差があることが判明しています。[125]　概して，疑問文での did の方が早い時期に適切に使用できるようになります。したがって，did の使用の第 1 段階は，「did の代わりに do を頻繁に使用してしまう段階」となります。第 2 段階は，「疑問文では did の使用ができるようになるが，否定文では do を使用してしまう時が多々ある段階」です。第 3 段階（最終段階）は，「疑問文でも否定文でも did がほぼ正しく使用できるようになる段階」となります。表 5 を参照ください。

表 5．JLEs の疑問文と否定文での did の発達過程予想

発達段階 1：did の代わりに do を頻繁に使用する。
　例：*Do you go to Hokkaido last summer?
　　　　　　　　　　　　　　（⇒ Did you go to Hokkaido last summer?）
　例：*I don't study English last night.
　　　　　　　　　　　　　　　（⇒ I didn't study English last night.）

発達段階 2：疑問文で did の使用がほぼできるようになるが，否定文では do を
　　　　　　使用してしまう時が多々ある。
　例：Did John go to Kyoto yesterday?
　例：*No, I don't.（⇒ No, I didn't.）

発達段階 3（最終段階）：疑問文でも否定文でも did が使用できるようになる。
　例：Did Cathy meet John yesterday?
　例：No, she didn't.

---

[125] なぜそうなのかは，言語理論を基に説明がつきますし，実証データでも疑問文での did の方が適切に使用できることが明らかになっています。しかし，その説明がテクニカルになりすぎますので，ここでは割愛しますが，興味のある方は，Suda, et al.（2019）を一読ください。

JLEsの疑問文と否定文でのdoesの発達過程

　否定文の did の場合同様に，疑問文と否定文における does にも発達段階があることが判明しています。[126]　興味深いことに，困難度順序が否定文の時とは逆の順序になり，否定文での doesn't の方が疑問文の does よりも早い時期に使用できるようになります。したがって，発達段階は次のようになります。第 1 段階は「does の代わりに誤って do を多く使用してしまう段階」です。第 2 段階は「否定文では does をほぼ適切に使用できるようになる段階」，第 3 段階（最終段階）は，「疑問文でも does を適切に使用できるようになる段階」です。表 6 を参照ください。

表 6. JLEs の疑問文と否定文での does の発達過程予想

発達段階 1：does の代わりに頻繁に do を使用する。
　例：*Do your father play the piano？

(⇒ Does your father play the piano?)

発達段階 2：否定文で does をほぼ適切に使用できるようになる。
　例：Mary doesn't like Shizuoka.

発達段階 3：疑問文で does をほぼ適切に使用できるようになる。
　例：Does Mary like Shizuoka？

---

[126]　Suda, et al. (2019)

JLEsの現在進行形の発達過程

現在進行形の文法形式は「be + doing」ですが，**初級学習者であっても，-ing の部分はあまり脱落させません。**一方で，be の方を落としてしまう発話はよく観察されます。したがって，現在進行形では，次のような発達段階を提示します。発達段階 1 では，「"Walking" "Reading" のように doing だけを発話する段階」です。第 2 段階は「文中で doing が使用できるようになる段階」です。そして，「be 助動詞も付加して使用できるようになる段階」が最終段階となります。表 7 をご覧ください。

表7.　JLEs の現在進行形の発達過程予想

> 発達段階 1：ing だけで進行形を表現する。
>   例：Walking. Reading. Running

> 発達段階 2：文中で doing が使用できるようになる。時として，-ing を脱落した形も発話される。
>   例：*Ken eating a banana. (⇒ Ken is eating a banana.)
>   例：*Ken is eat a banana. (⇒ Ken is eating a banana.)

> 発達段階 3：be 助動詞も入れて正しく発話できるようになる。
>   例：Ken is eating a banana.

JLEsの名詞単数形・複数形の発達過程

名詞単数形・複数形の発達過程は，第 1 段階として，「複数形形態素がほとんど産出できない」から始まります。第 2 段階は，「可算名詞の規則複数形の -s がほぼ産出できるようになる段階」です。第 3 段階は，「不規則複数形がほぼ正しく産出できるようになってくる段階」です。そして，最終の第 4 段階

は，「可算・不可算の両用法を持つ名詞を理解しほぼ適切に産出できるようになる段階」です。また，この段階は「一般に不可算名詞だと言われているものも，場合によっては複数で別の意味を持つようになることが理解でき，産出できるようになる段階」でもあります。表8を見てください。

表8. JLEs の単数形・複数形の発達過程予想

発達段階 1：複数形形態素をほとんど産出できない。
　　例：*two apple (⇒ two apples)，*three pen (⇒ three pens)，
　　　　*four child (⇒ four children)，*five woman (⇒ five women)

発達段階 2：可算名詞の規則複数形 -s をほぼ脱落しないようになる。
　　例：two apples, three pens

発達段階 3：可算名詞の不規則複数形をほぼ正しく産出できるようになってくる。
　　例：four children, five women, these phenomena

発達段階 4：不可算名詞の複数形の形式を理解でき，ほぼ正しく産出できるようになってくる。
　　例：two pieces of news, three glasses of water, four cups of coffee

発達段階 5：可算・不可算の両用法を持つ名詞を理解し，ほぼ正しく産出できるようになる。また，一般に不可算名詞だと言われているものも，場合によっては複数で別の意味を持つようになることが理解でき，産出できるようになってくる。
　　例：Two big fires occurred in the city yesterday.
　　例：There is no smoke without fire.
　　例：Generally sharks don't live in cold waters. (水域)

JLEsの関係代名詞節の発達過程

　筆者のこれまで収集してきた調査結果を総合すると，JLEs の関係代名詞 (relative pronoun，RP) 節の発達過程として，まず，先行詞は目的語 (O) で，関係代名詞は主語 (S) になる構造が文の意味を理解しやすく，産出もしやすいようです。よって，発達の第 1 段階として，最も理解・産出しやすい構造は，「S ＋ V ＋ O ＋ RP (S) ＋ V (例：Ken knows a girl who came from France.)」です。

　第 2 段階は，主節の部分は「主語＋動詞」と続き，先行詞が目的語 (O) となり，従属節の目的語 (O) が関係代名詞になった構造「S ＋ V ＋ O ＋ RP (O) ＋ S ＋ V (例：Ken knows a girl who(m) we met.)」を産出できるようになる段階です。

　第 3 段階として，先行詞が主語 (S) で，関係代名詞も主語 (S) になる「S ＋ RP (S) ＋ V ＋ O ＋ V (例：The girl who knows Ken came from France.)」になります。

　最も理解・産出に時間がかかる関係代名詞の構造は，「S ＋ RP (O) ＋ S ＋ V ＋ V (例：The girl who(m) Ken met came from France.)」です。この構造は，主節の中に従属節がすべて埋め込まれてしまっている構造になり，主節の主語 (S) が先行詞になり，従属節の目的語 (O) が関係代名詞となって従属節の主語よりも目的語が前に来ている構造ですから，非常に分かり難い構造で，産出するのにも困難を伴うものになっています。表 9 を参照してください。

表 9．JLEs の関係代名詞節の発達過程予想

発達段階 1：S ＋ V ＋ O ＋ RP (O) ＋ V をほぼ産出できるようになる。
　例：Ken knows a girl who came from France. (OS)

発達段階2：S＋V＋O＋RP (O)＋S＋Vをほぼ産出できるようになる。
　例：Ken knows a girl who (m) we met. (OO)

発達段階3：S＋RP (S)＋V＋O＋Vをほぼ産出できるようになる。
　例：The girl who knows Ken came from France. (SS)

発達段階4：S＋RP (O)＋S＋V＋Vをほぼ産出できるようになる。
　例：The girl who (m) Ken met came from France. (SO)

JLEsの定冠詞の発達過程

　発達段階1は，「theを脱落させてしまう段階」です。第2段階は，「依然としてtheを脱落させてしまう発話も多いが，同時に不必要なところでtheを過剰に使用してしまう発話も起こる段階」です。この段階は長く続きます。最終段階は，「theをほぼ適切に使用できるようになる段階」ですが，この最終段階にまで到達するにはかなり時間がかかります。表10をご覧ください。

表10．JLEsの定冠詞の発達過程予想

発達段階1：theを頻繁に脱落させてしまう。
　例：*Jakarta is capital of Indonesia.
　　　　　　　　　　　　(⇒ Jakarta is the capital of Indonesia.)
　例：*Cucumbers are grown all over world.
　　　　　　　　　　　　(⇒ Cucumbers are grown all over the world.)

発達段階2：依然として the を脱落させてしまう発話が多いが，同時に不必要な
　　　　　ところで the を過剰に使用してしまう発話も起こる。
　例：*Every day I walk to office. (⇒ Every day I walk to the office.)
　例：*John has lived in Tokyo since the last month.
　　　　　　　　　　　　(⇒ John has lived in Tokyo since last month.)
　例：*There are a lot of the sightseeing spots.
　　　　　　　　　　　　(⇒ There are a lot of sightseeing spots.)

発達段階3：the をほぼ適切に使用できるようになる。
　例：Jakarta is the capital of Indonesia.
　例：Cucumbers are grown all over the world.

JLEsのto不定詞の発達過程

　to 不定詞の発達の第1段階は，「名詞的用法が使用できるようになる段階」
です。ここでは，主語としての名詞的用法（例：To play tennis is fun.）は含
まれず，目的語としての名詞的用法が最も早く使用できるようになる to 不定
詞の用法という意味です。初級学習者はどうやら，(I) want to, (I) like to
といったチャンクで覚えてしまっているようです。次に，「副詞的用法が使用
できるようになる段階」が続きます。最終段階（発達段階3）は，「形容詞的用
法が使用できるようになる段階」となります。表11を参照してください。

表11. JLEs の to 不定詞の発達過程予想

発達段階1：名詞的用法がほぼ使用できるようになる。
　例：I want to eat sushi./ I like to play with children.

発達段階2：副詞的用法がほぼ使用できるようになる。
　例：I went to Okinawa to meet my cousin.

発達段階 3：形容詞的用法がほぼ使用できるようになる。
例：I have a lot of things to study.

JLEsの現在完了形の発達過程

現在完了形の発達段階 1 は、「現在完了形を使用する方が適切である文に、過去形、または単純現在形を使用してしまう段階」です。発達段階 2 は、「経験の用法を理解しほぼ適切に産出することができる段階」です。続く発達段階 3 は、「完了の用法を理解しほぼ適切に産出することができる段階」になり、最終段階は「継続の用法を理解しほぼ適切に産出することができる段階」となります。表 12 を見てください。

表 12．JLEs の現在完了形の発達過程予想

発達段階 1：過去形、または単純現在形で代用する。
　　例：*I don't finish my homework yet.
　　　　　　　　　　（⇒ I have not finished my homework yet.）
　　例：*We are friends since last year.
　　　　　　　　　　（⇒ We've been friends since last year.）

発達段階 2：「経験」の用法を理解し、ほぼ適切に産出することができる。
　　例：I have been to Hawaii three times.

発達段階 3：「完了」の用法を理解し、ほぼ適切に産出することができる。
　　例：I have just finished reading a book.

発達段階 4：「継続」の用法をほぼ理解し産出することができる。
　　例：We have been friends since last year.

　以上，12 種類の文法項目を取り上げ，JLEs の文法発達過程を概観してきました。今後の課題としては，習得データをより多く，多角的に収集し，ここに示した発達過程予想をさらに精査することと，他の文法項目についても，JLEs がどのような発達過程をたどるのかを明らかにすることがあげられます。加えて，なぜそのような発達過程をたどるのかを理論的に説明することも重要となってきます。

項目別習得難易度順序が存在する

　教室で外国語を学習する際には，教師が教科書（または，何らかの教材）を使用して教えるのが一般的です。教科書には学習すべき文法事項が順番に配列されています。そして，教師はその順番に沿って文法を教えて行きます（もちろん，教え方は十人十色であるでしょうし，実際には文法だけでなく，その他いろいろな内容を教えて行くのですが）。順番に教えるこの教科書の文法の扱い方はごく一般的なものです。

　ここで私たちが知っておくべきことは，**学習者は，「教科書に配列されている順番で，つまり，教えられる順番で，文法項目を 1 つずつ覚えて行くわけではない」** ということです。上で見てきたように，それぞれの文法項目にはそれぞれの発達過程があるように，母語獲得過程でもそうでしたが，第二言語習得にも覚えて行く順番があります。図 7 を参照ください。第二言語習得の場合，正確には，「文法項目別に習得難易度順序がある」と言った方が良いでしょう。その習得難易度順序と教科書での文法配列順序とは必ずしも一致していないということです。

図 7. 第二言語の習得順序

　筆者がよく受ける質問に、「習得していく順番があるのなら、その順番に教科書の文法も配列した方が良いのでは？」というものがあります。しかし、そのような配慮をすると、今度は教科書が上手く作れなくなってしまいます。なぜならば、小学校、中学校で教える基本的文法項目の中にも、習得の難易度が極めて高いものがいくつもあるからです。たとえば、冠詞、名詞の単数形・複数形、時制、前置詞などは基本的な項目ですが、JLEs にとって習得困難な項目だと言えます。こういった項目を後回しにして教えることは、教科書を体系的に作成できないだけでなく、コミュニケーション能力を高めようとする日本の英語教育のためにもなりません。

　難しそうな文法項目だからと言って後回しに教えるようにする、または、しばらくは教えないようにする、という考え方は間違っています。完全に習得するのには時間がかかるでしょうが、基本的文法項目であれば早めに教えて、学習者には慣れていってもらうべきです。完全に習得できる、できないは別の問題です。[127]　JLEs が習得困難な文法項目は、実は日本語を母語とする英語教員にとっても習得が難しかったのです。英語の冠詞の用法や前置詞の用法を完全に習得している英語教員が一体全体何パーセントぐらいいるのでしょうか？とても少ないと思います。ですが、英語教員を務め、英語を使用しているのですから、気にすることはないのではないでしょうか？　特に、意味伝達を重視する活動では、誤りをいちいち指摘していては活動に支障が生じますから、何も言わないのが良いと思います。

　教える際にも、一気に覚えてもらおうとは思わずに、長い目で見守ることが肝要です。たとえば、三単現の -s を 1 か月間連続して教える必要はないのです。学習者がみんな難しいのであるから、一定の間隔をあけて、定期的に明示

127　三単現の -s なども基本的な文法項目ですし、コミュニケーション活動をする際に頻繁に使用する項目です。よって、小学校から導入すべき項目です。避けていては Taro likes apples. や Hanako plays tennis. のような、基本中の基本の文さえも導入できません。「三単現 s は、小学生が頻繁に脱落させてしまい、彼らには難しいから教えない」と考えているのならば、その考え方は間違っています（では、冠詞の the はどうなんでしょうか？　すごく難しいですよね）。小学生の時期には脱落してもよいから導入すべきです。ちゃんと身について言えるようになるのは中学校以降だと捉えるべきです。

的に注意を喚起する方法を取るのが良いと思います。英語能力が全体的に向上してくると，つまり英語の上級者に近づいてくると，誤りの数も次第に減ってきます。最初は明示的に学習したのであるが，最終的にはほぼ無意識に使用できる言語知識に変わる部分も第二言語習得でも起こり得ます。学習者の誤りには，気長に辛抱強く取り組むことです。

　さて，それでは具体的に，JLEs には，各文法項目間でどのような習得難易度順序があるのでしょうか？　いくつか例をあげてみます。(18) を見てください。

(18)　JLEs の習得難易度順序（易 ⇒ 難）
　　　a. ING ⇒ IRP ⇒ REP ⇒ 3PS
　　　b.（三単現を除く）単純現在 ⇒ 単純過去 ⇒ 現在完了 ⇒ 過去完了
　　　c. 所有格の -'s (Mary's cell phone) ⇒ 名詞の複数形 -s (mountains)
　　　d.「/ɑ/, /æ/, /ə/」⇒「/ɸ/ と /f/, /b/ と /v/, /s/ と /θ/, /z/ と /ð/」⇒「/l/, /r/, /ɹ/」[128]

(18a) は動詞にかかわる 4 つの文法形態素の習得難易度順序を示しています。ING は進行形の -ing（例：listening），IRP は不規則過去形 (irregular past)，REP は規則過去形 (regular past)，3PS は三単現 -s (third person singular present) の略です。

　JLEs にとって，動詞と関係するこれら 4 つの文法形態素の中で最も習得が容易なのは ING です。次は不規則過去形です。規則過去形の方が過去を表示する規則自体は簡単（つまり，-ed を付加するだけ）なのですが，使用頻度の高い動詞には不規則過去形が多いために使う頻度も高いことや，独立した形をしており目立つためなのかもしれませんが，実験をして調べてみると，規則過去形よりも不規則過去形の方が，相対的に正用率が高いことが分かります。[129]

---

[128] /ɸ/ は日本語の「ふ」の子音，/ɹ/ は「ら行」の子音です。

　そして，最も誤りが多い（誤りの多くが脱落です）のは三単現 -s ということになります。三単現 -s の規則自体はさほど難しいものではありません。しかし，脱落させやすいのです。ライティングの時よりもスピーキングの場合に脱落させる頻度が高くなります。三単現 -s の脱落現象は，学習者が三単現 -s についての規則を根本的に理解していないというよりもむしろ，言語運用（パフォーマンス）の際の問題なのだと筆者は思います。

　ここで，興味深いことに，三単現 -s を脱落させるといっても，文の構造によって脱落の頻度が変わってくるということです。(19) の例を見てください。

(19)　a. John plays table tennis every day.

　　　b. *John sometimes play table tennis.

(19b) のように，主語と動詞の間に sometimes などの副詞句が入って来る場合や，従属節内での三単現の使用の場合の方が，(19a) の単文の場合よりも -s を脱落させやすいのです。つまり，主語と動詞の距離が離れている場合の方が言語運用上，三単現 -s を（というよりも，おそらく文法形態素一般に）脱落しやすくなるということです。過去形の形態素なども同様です。このように，**教師は，文法形態の脱落しやすい構造について把握しておくと良いと思います。**

　ふたたび，(18) の例に戻ります。(18b) は時制に関係する習得難易度順序です。当然と言えば当然ですが，最も容易なのは，三単現を除く単純現在形で，次が単純過去形です。そして，現在完了，過去完了の順となります。やはり過去完了が最も学習が困難になります。

　(18c) は，名詞句につく 2 つの文法形態素の習得難易度順序を比較したものです。所有格の 's は JLEs にとってかなり習得しやすい文法形態素のうちの

129　「相対的に」と付け加えたのは，すべての規則動詞と不規則動詞を調べたわけではないからです。筆者が収集した JLEs の産出データを頼りに分析すると，全体的に不規則過去形の方が正用率が高い，という証拠に基づいています。

1 つだと言うことを筆者は 1980 年代の後半に主張しました。[130]　その理由は
おそらく，「太郎のペン」という構造と Taro's pen という構造がたまたま統
語的に類似しているだけではなく，意味的にも類似しているからだと思います。
よって，学習のかなり初期の頃から使用できるようになります。

　ところが，ここで注意しておかなければならないことは，**「JLEs の 's の過
剰使用」** という問題です。この後にも例を出しますが，日本語の格助詞の
「の」は非常に便利なことばです。国語学的に言えば，「連体修飾格」として，
所有（例：会社の車），所属（例：文科省の役人），所在（例：京都の友人），行為
の場所（例：アメリカの生活にも慣れた），時（例：9 月の上旬），作者・行為者
（例：学長の話），関係・資格（例：友達の芳雄君），性質・状態（例：縦じまのシ
ャツ），材料（例：鉄筋の家），名称・人名（例：駿河の国），対象（例：デモ隊の
鎮圧に失敗する），目標（例：誕生日のプレゼント），比喩（例：花の都パリ）など
を表すだけでなく，まだ他にも多くの用法があります。

　しかしながら，**必ずしも「の」＝「's」というわけではありません。**両者は
「所有」という点では似た用法を共有していますが，すべてまったく同じ用法
というわけではないのです。上記の「の」の例を 's で表現できるのはごくわ
ずかです。英語で 's を使用する場合，基本原則としては，前の名詞句が後ろ
の名詞句の「所有・関係・物理的な特徴」を述べる際に使用されます（例：
John's book）。[131]　日本語の「の」の使用範囲の方が圧倒的に広範囲に渡って
いるということ，JLEs は 's を乱用することを，教師は常に意識して教える必
要があります。

　(18d) は音素の識別に関係する習得難易度順序です。全体的な傾向として，

---

[130] Shirahata (1988, 1989a, 1989b)，鈴木・白畑 (2012) などを参照ください。
[131] ただし，例外が多くありますので，'s の用法はなかなか厄介です。たとえば，today's newspaper や
Japan's climate とは言えますが，一方で，the room's back（部屋の後部），the house's roof（家の屋
根），the page's top（ページの上の方）とは言えないようです。また，of を使用した構造と両方が可能に
なる場合もあるようです（例：the earth's gravity/ the gravity of the earth, the train's arrival/ the
arrival of the train）。スワン (2007) によれば，「不幸にして，この領域で役に立つ一般規則を作るのは
不可能である。どちらの構造を選ぶかは個々の表現にかかっていることが多いからである」とのことで，'s
の用法にはきっちりと「正しい」「間違っている」とは断定しにくい灰色の用法の部分もあるようです。

やはり日本語にはない音素の識別が JLEs には困難になります。また，母音の識別の方が子音の識別よりも容易であるようです。そして，最も識別困難な音素群は，/l/，/r/，/ɹ/ の対比です。

学習者の母語の特性から影響を受ける

（20）の英文を見てください。日本語からの影響のために JLEs が犯してしまう典型的な誤りを，筆者がこれまでに収集した習得データから拾い集めてみました。

(20) 日本語からの転移だと思われる誤り

    a. *I went to bookstore yesterday. (⇒ a/the bookstore)

    b. *I ate two banana this morning. (⇒ two bananas)

    c. *My high school's club's captain's name was Kenji Yoshioka.
      (⇒ A name of the captain in my club at high school was Kenji Yoshioka.)

    d. *My family is five people.
      (⇒ We have five people in our family.)

    e. *John's nose is high. (⇒ John has a long nose.)

    f. *I was blown off my hat by the wind.
      (⇒ I had my hat blown off by the wind.)

    g. *We went swimming to the river. (⇒ in the river)

    h. ?? I think it will not rain tomorrow.
      (⇒ I don't think it will rain tomorrow.)

（20a）は冠詞が脱落している誤りです。（20b）は複数形の形態素が脱落しています。（20c）は属格の 's の乱用です。（20d）は「私の家族は 5 人です」という日本語の表現に影響を受けたものだと思います。（20e）もまた，「鼻が

高い」という日本語の言い方を直訳したのではないかと思います。(20f) は
「私は風で帽子が飛ばされた」という日本語で，「私は」が主語だという誤解か
ら生じた誤りだと思います。同様に，「私は自転車を盗まれた」「僕は恋人に泣
かれた」などを，*I was stolen my bike. や *I was cried by my girlfriend.
などにしてしまう JLEs がいますので注意が必要です。

　(20g) では，日本語では「川へ泳ぎに行く」という表現をしますが，この
「川へ」の「へ」を，「学校へ行く」などと同じ表現だと思い，to を使用して
しまうのだと思います。(20h) では，日本語では否定の表現をするとき，「明
日は雨が降るとは思わない」と言うよりも，「明日は雨が降らないと思う」と
言う方が一般的だと思います。要するに，日本語では従属節（埋め込み節）の
方を否定するのです。一方で，英語では，文の最初の要素を否定するのが一般
的ですから，最初に動詞が来る主節の方を否定形にします。

　第二言語学習者はなぜ母語の影響を受けるのでしょうか？　最初に推測でき
る理由は，**ある表現したい内容への適格な英語（第二言語）での表現が思い浮
かばず，そのため，その内容を表現できる母語での言い方に頼ってしまう**とい
うものです。特に，子どもとは異なり，成人の第二言語学習者は，学習の初期
から高度な内容（抽象的で入り組んだ内容の話題）についてやり取りすることを
周囲から求められがちです。つまり，成人であるならば，自分の学業や仕事内
容のみならず，日本の実情や文化，国際的な政治・経済の話などを話題として
取り上げられ，最終的には「それらの問題について，あなたはどう思うか」と
いう意見を求められます。そのような時，英語（第二言語）でどのような表現
をしてよいのか分からない場合も多く，それをやり繰りする方略として，自分
の母語の言語知識や表現の仕方を基に，第二言語での発話を組み立ててしまう
のだと思います。特に，考える余裕が十分に与えられない口頭での会話の際に
は，母語の構造に頼りがちになります。

さまざまに異なる母語からの転移

　教師は学習者が誤りをすると，わりと簡単に，「これは日本語の影響のためだ」などと思い込みがちなところがあります。（20）のさまざまな例からも分かるように，母語からの転移は確かに起こります。しかし，「母語からの転移」とは言うものの，**第二言語習得の際の母語の影響の仕方は多様です**。そのことについて，ここでは少し詳しく扱うことにします。

　（21）に示すように，転移は質的に少なくとも 3 つのケースに分かれます。

（21）母語からの転移の種類

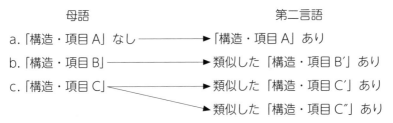

（22a）ですが，これは第二言語と類似した構造や表現形式が母語には存在しないために起こる転移です。このようなケースも「母語からの転移」と一般に考えられています。この場合，目標学習項目 A をまったく新たに学習しなければならないわけですが，学習の際に比較対照しようとする母語には該当する項目がありませんから，母語の特性に頼ることができないということで，その結果，特に初級者では「目標項目 A の脱落」という誤りが起こると予想できます。つまり，目標言語項目が使用できない，ということです。具体的事例としては，（20a）の冠詞の脱落や（20b）の複数形形態素の脱落などがこれに当てはまります。

　次に，（21b）の場合ですが，日本語には「構造・項目 B」があり，英語には類似した「構造・項目 B′」があるが，両者は 100% 同じ用法・特性ではないために生じる誤りがあります。前述した日本語の「の」と属格（'s）がこれ

に当てはまります。筆者のこれまでに観察した属格（'s）の誤りには，mountain's top（山の頂上），bed's pillow（ベッドの枕），house's wall（家の壁），Kyushu's accent（九州の方言）などたくさんあります。属格（'s）の使用には，はっきりとした原則がないとは言え，日本語では可能なこれらの表現ですが，英語では誤りとなります。

　（21b）の別の例に，**日本語の「話題卓越構文（topic-prominent sentence)」と英語の「主語卓越構文（subject-prominent sentence）」の関係があります。**[132]　日本語は話題卓越的な特性を強く持っている言語と言えますが，英語は主語卓越的言語です。話題卓越言語とは，「〜について言うと」という意味を表す「話題」を，頻繁に文頭に持っていく言語のことを言います。日本語ではこの話題句を係助詞「は」を使用して一般に表します。たとえば，「秋はサンマが美味い」とは，「秋について言うと，サンマが美味い」ということになります。

　このように，日本語は話題文が発達した言語で，「A は B（だ）」という表現を使用して，さまざまな内容を表現することができます。関連して，言語学の世界で有名な例文に，（22）で示すような，「僕はウナギだ」という文があります。

（22）　レストランでの太郎君と次郎君の会話
　　　　太郎：僕はカツ丼にするけど，君は何にする？
　　　　次郎：僕はウナギだ。

　次郎君は人間であってウナギではありませんが，この日本語の会話は全く自然なものですね。この文は，「僕について言うと，僕はウナギを注文する」という意味です。このように，日本語ではその文の「話題」として取り上げたいものを文頭におき，係助詞「は」をつけて表示します。「僕は筋肉痛だ」など

---

[132] topic-prominent language の日本語訳として，話題優勢言語，主題卓越言語という言い方もあります。

もそうですし,「(私は仙台で生まれましたが,)弟の次郎は東京です」といった表現も日本語では許容されます。日本語では,文頭に来る名詞句が文の「主語」の場合ももちろんありますが(例:太郎が掃除機を買った),多くの場合,助詞の「は」を伴って「話題句」が来ます。その場合,述部とは「イコール」の関係ではなくなる場合が多いのです(例:僕≠ウナギ)。

　一方,英語は主語卓越言語で,大抵の場合,文頭に来る名詞句は「主語」で(例:John is a college student),述部の名詞句とは「イコール」の関係になっています(例:John = a college student)。しかし,見かけ上,話題と主語は区別しにくい場合も多くあります。このような日・英語の統語構造の特性のために,JLEs は(23a)や(23b)そして(20d)で示すような英文を多く産出するのだと思います。教師は JLEs の I am an eel. 的な英文に気を付けたいものです。

(23)　a. *I am a muscular pain.　(僕は筋肉痛だ)
　　　b. *My brother is a bank.　(兄は銀行です = 銀行に勤めている)

　英語では主部と述部にあたるものの関係が「イコール」の形になっている時にのみ be 動詞でつなぎます。日本語では主部と述部が必ずしも「イコール」の関係になっていない場合でも「は」でつなぐことができます。しかし,be 動詞と「は」が文の同じ位置にあるため,be 動詞を「は」と同質なものだと思ってしまう JLEs は,日本語の「A は B(だ)」文を「A is B」にそのまま置き換えてしまうのだと思います。ここに日本語からの転移が生じるのです。

　be 動詞と「は」は,文法機能上は同一ではありませんが,両者とも主部と述部を結ぶ位置で生起する場合が多いことから,同一の機能を持っていると勘違いしている JLEs が大勢いるのが現実です。したがって,教師は**「be 動詞と「は」は同じではない」という指導**を,できるだけ早い段階(中学校の段階)から徹底して教えておくのが良いと思います。

　3つ目として,(21c)の場合があげられます。日本語は「構造・項目 C」

が1つしかありませんが，英語にはその「構造・項目C」の用法を分散して使用することになる「構造・項目C′」と「構造・項目C″」（時には「構造・項目C‴」もあるかもしれません）が存在する場合です。つまり，2つ以上に分かれる場合です。いくつか例をあげてみます。まず，日本語の「～ている」に当たる表現は，英語では2種類に分かれます。1つ目は，「ジョンは走っている」などの進行表現です。これは英語では John is running. となり，「～ている」＝ "be + -ing" の関係が成り立ちます。もう1つ，日本語では「電車が止まっている」や「鳥が死んでいる」という言い方があります。その際に，この場合も「～ている」＝ "be + -ing" だとみなして，これらの日本語を，The train is stopping. や A bird is dying. としてしまうと意味が異なってきます。つまり，これらの英文の意味は，「電車が止まりつつある（が，完全には止まっていない）」「鳥が死につつある（が，完全には死んでいない）」という意味になってしまいます。

　英語では，stop，die といった，動作の「完結」する意味を表わす動詞が進行形で使われると，「止まりつつある」や「死につつある」という意味になります。一方で，日本語では「止まっている」や「死んでいる」というのは，そういった「状態」を表しています。ここに日英語の相違があります。たとえば，「電車が駅に止まっている」や「鳥が道端で死んでいる」という日本語にあたる英語表現は，The train is at the station. や A bird is dead on the street. あたりになりますね。

　次に，(21c) に相当する語彙の例をあげておきます。(24) も参照ください。たとえば，日本語の「教える」は，英語では少なくとも teach と tell の2つの動詞で表現することになります。「借りる」も borrow と use で表現することになります。まず，teach と tell ですが，基本的に，「学問などを教える時」に使用するのが teach であって，それ以外の場合は，日本語の「教える」にあたる英語表現は tell になります。「道を教えて」とか「あなたの秘密を教えて」などは tell を使うことになります。また，「トイレ借りてもいい？」と聞く場合は，普通は「使わせて」という意味ですから，use になりま

す。borrow を使うと「借りて持って行ってしまう」といったイメージになってしまうことに注意したいものです。

(24)　a. Could you tell me how to get to the library?
　　　b. *Could you teach me how to get to the library?
　　　c. May I use your restroom?
　　　d. *May I borrow your restroom?

　(21c) に関連する音声面の習得の話をします。日本語の「ア」に近い音が，英語にはいくつかあります。イギリス発音とアメリカ発音でも違いがありますが，ここではアメリカ発音を基準にすれば，それらの音は，/ɑ/，/ɑː/，/æ/，/ə/，/əː/，/ʌ/ です。具体的な単語の例を (25) に載せます。これらの音の区別や発音は JLEs が苦手とするものです。特に，/æ/ と /ə/ は JLEs が発音するのに苦手とする母音ですから，学習の初期段階（中学時代）から必ず練習しておく必要があります。

(25)　日本語の「ア」に近似した英語母音
　　　/ɑ/：body, college, hot
　　　/ɑː/：far, hard, star
　　　/æ/：add, bad, trash
　　　/ə/：about, ago, asleep
　　　/əː/：dirty, heard, worse
　　　/ʌ/：Dutch, done, lucky

/ə/ と表記される母音ですが，この母音には名前がついていて，「シュワー (schwa)」と言います。「あいまい母音」とも呼ばれています。/ə/ は，口をあまり開かないで（半開きにして），口の真ん中あたりで発音する母音です。曖昧な音に聞こえるため，「あいまい母音」という名前がついているわけです。

　英語の単語にはこの音が非常によく使われますが，日本語には存在しない母音のため，近似音の「ア」に変換して発音してしまいがちです。しかし，たとえば，/hə:d/ (heard) と /hɑ:d/ (hard) では異なる単語を指すことになりますから，/ə/ が聞き分けられ，発音できるようになっておくことは必要なことです。

　次に，/æ/ ですが，この母音も標準的な日本語には存在しません。/æ/ は，基本母音図で③と④の中間あたりで発音される音です。「エ」と「ア」の混ざったような音で，透き通った音ではなく，なんとなく，「きたない音」のような印象を受ける音です。こちらも /ə/ と同様，JLEs は「ア」で置き換えて発音しがちですから，十分に発音の訓練をする必要があります。

　以上のように，「母語からの転移がある」という表現は，さまざまに下位区分できます。一方で，下で詳しく述べますが，母語からの転移なのかどうかはっきりしない誤りも，実はたくさん産出されることにも注意してください。[133] **さらに，英語の構造が日本語の構造とは明白に違うからと言って，母語転移が必ず起こるとは言えない**ところも興味深いところです。たとえば，語順です。日本語の語順は SOV で英語は SVO ですが，JLEs はめったに SOV の英文（例：*I chocolate ate.）を産出しません。また，wh 語を文頭に移動しない誤りもめったに起こりません（例：*You what ate? や *Do you what have?）。日本語の文法規則に則れば，このような誤った構造の英語が初期の学習者から頻繁に産出されてもおかしくないはずですが，現実にはほとんど現れません。ですから，英語と日本語で異なる項目にいつも母語転移が明白に起こるとは言い切れません。どのような場合に母語転移が起こりやすく，どのような場合には起こらないのかという疑問を解決するには，今後の更なる研究が必要となってきます。

---

[133] たとえば，comed, taked といった動詞過去形の誤り，more better, more higher のような比較表現の誤り，前述した *What do you like sport? といった誤りなどは，日本語からの直接的な影響とは言いにくいかもしれません。

母語の転移かどうかはっきりと判断できない誤りもある

　学習者はさまざまに興味深い誤りをしながら，第二言語の習得を進めていきます。その際に，上述のように，母語転移なのかそうでないのか，区別が難しい誤りも出てきます。下の（26）に載せた文章は，実際に大学生が書いたライティングからの引用です。自分の出身地である静岡県富士宮市のことについて書いたライティングです。このライティングの中の誤りも，「母語転移が原因である」と明確には決められないものも含まれていることが理解いただけると思います。母語転移とはみなされない誤りのことを，**「発達上の誤り (developmental error)」**と言ったりします。しかしながら，何のために区別するのかという意義を考えると，学習者の誤りを母語転移と発達上の誤りに無理して区分する必要はそれほどないのかもしれません。

（26）大学生の書いたライティングからのデータ[134]

　　　My town is the home is in City of Fujinomiya.

　　　Fujinomiya City is inside of Shizuoka Prefecture.

　　　It is so very close up to Mt. Fuji.

　　　Mt. Fuji is a big mountain and, registered as a world heritage.

　　　As a result, it is more increase a tourist.

　　　But, I have never climbed Mt. Fuji.

　　　I want to climb once it on my life.

最終到達度において個人差が顕著である

　この節では，学習者の個人差を考える際に第二言語習得における**「臨界期仮**

134　白畑（2015：168）より引用。筆者の担当したこの英語の授業では，「辞書を使用してもよい」という条件下で，「自分の出身地の紹介」という課題でライティングをしてもらいました。この大学生が，registered や world heritage などの単語が書けているのは，辞書を参照したからかもしれません。

説（Critical Period Hypothesis, CPH）」と「**最終到達度（ultimate attainment）**」の問題についても考えていくことにします。つまり，（13d）（→ p. 140）に記した第二言語習得の特徴，「最終到達度において個人差が顕著である」を論じるとともに，以下の疑問についても考察していきます。

(27)　a. 第二言語学習者は学習する言語をどこまで発達させることができるのか？

　　　b. 母語話者と変わらぬレベルにまで第二言語を発達させることができるのか？

　　　c. 教室環境での英語学習の習熟度の目標はどこに定めればよいのか？

言語習得における臨界期仮説とは，人間が言語を完全に習得できるのは人生の最初の時期の，ある一定の期間のみであるという仮説です。失語症患者の言語（母語）の回復具合を調査し，臨界期仮説を最初に提唱した Lenneberg（1967）は，言語習得の臨界期は思春期ごろ（12 歳〜13 歳ごろ）であると提唱しました。

　現代社会において，普通に社会生活を送ろうとする子どもを隔離し，12 歳まで言語に触れさせないで育てる計画を実施するなどは言語道断です。母語獲得における臨界期仮説を実際の実験によって調査することはできません。そのため，脚光を浴びるようになったのが，第二言語習得での臨界期の調査で，これまでに活発に実験が行われてきました。臨界期仮説を支持する研究者もいますが，反対論者も少なからずいます。[135]　また，臨界期よりも少し柔らかめの主張になりますが，「**敏感期（sensitive period）**」という期間を設定する研究者もいます。敏感期とは，言語習得が比較的容易におこないやすい期間のことです。つまり，言語習得にはある期間の方が別の期間よりも習得がおこないやすいだろうという意味が含まれる用語です。

---

[135]　白畑（1994, 2004），白畑・冨田・村野井・若林（2019）も参照ください。

　第二言語における最終到達度とは，学習者が長い学習経験の末に身につける第二言語の習熟度のことを言います。母語獲得の場合の最終到達度は，みな一律です。つまり，少なくとも文法の核となる項目の獲得と音声の獲得に関しては，全員が早々と最終ゴールに到達します[136]。ところが，第二言語習得の場合，全員に当てはまるとは言いませんが，学習者の多くが当該言語の母語話者並みのレベルにまで到達しません。[137]　そして，興味深いことに，**最終到達度はそれぞれの学習者によってバラバラなのです**。特に，日本のような教室環境で英語を学習する場合，学習開始年齢，学習時間，教科書などが同じであった学習者間であっても，数年後にはかなり高いレベルに到達する学習者とそうでない学習者が出てくるのが一般的です。

　同じ学習条件で英語を学習し始めたのに，数年たつとなぜ習熟度に差が出てきてしまうのでしょうか。このような疑問に対して，世間でしばしば言われることは，「あの人は頭が良いから」という言葉です。しかし，一体全体，「頭が良い」とは何なのでしょうか？　「記憶力が良い人が頭が良い人である」と答える人がいるかもしれません。たしかに，記憶力は頭の良さとある程度関係しているかもしれません。しかし，記憶力が良い人だけが言語の上級者になれるのなら，なぜ母語獲得の場合は全員が言語を獲得できてしまうのでしょうか。母語話者（人間）の中には記憶力のあまりよくない人も少なからずいると思います。しかし，その人たちも母語は完全に獲得できるのです。もし記憶力の良さや分析能力の高さ，推測能力の高さなどと第二言語習得の到達度が密接に関連しているのなら（もちろん，その可能性はありますが）母語獲得の場合とは異

136　一方で，語彙の獲得には最終ゴールはありません。たとえば，『広辞苑』に見出し語として記載されている日本語の語彙をすべて知っている日本語母語話者はほんのわずかしかいないと思いますし，そもそも毎年，次から次へと新しい語彙が誕生しています。また，広い枠組みでは文法の一部と言えばそうなるでしょうが，敬語の習得もここでの議論には含みません。敬語の使用は，格助詞の使用や動詞の活用などに比べれば，きわめて周辺的な文法と言えるでしょう。

137　高校生の時に英語の全国模試で100点を取った生徒，TOEICで満点の990点を勝ち得た人，英検で1級を取った人たちは，日本語母語話者としては英語が「とてもよくできる」人たちだと思います。しかし，こういった人たちが「母語話者並み」の英語能力の持ち主かどうかと言えば，母語話者の英語レベルには到底及ばない「はるかに下のレベル」だと言えると思います。ちなみに，筆者も幸運にも英検1級を取得しましたが，自分でも自覚するように，英語母語話者のレベルにははるかに及びません。

なる能力を使用しているということになります。

　また，「教室場面だと言語との接触時間が少ないから」という人もいるかも
しれません。たしかに，この接触時間の問題も大いに関連がある気がします。
しかし，そうすると，成人の日本語話者であっても，アメリカに長期間（たと
えば，10 年とか 20 年）滞在し，十分なインプット量を確保できれば，誰もが
アメリカ人並みの英語能力を身につけることができるのでしょうか？　もちろ
ん，かなりの上級者になれるでしょうが，もしこれまで行われてきたさまざま
な実証研究結果が正しいのであれば，全員がそうなるかと言えば，どうもそう
とは言い切れない，と言うしかありません。[138]　成人になってから渡米し，長
期間アメリカに住んでいる人の中にも，英語の母語話者並みの能力を身につけ
られた人とそうでない人がいます。そして，そうでない人の方が圧倒的に多い
ようです。

　当該言語の母語話者と同程度の言語能力を身につけられる条件は，アメリカ
（つまり，その言語が日常話されている国）への到着年齢が唯一絶対的な要因で
あるという研究結果もあります。[139]　この研究結果では，生まれてから少なくと
も 7 歳ごろまでに彼の地に到着（移民）し，その後，学校に通いながら日常生
活を過ごし，ある一定の年数（少なくとも 5 年間）を経過した人たちは，文法
性判断力テストなどを実施して彼らの英語能力を調査してみると，ほぼ全員が
英語母語話者と同程度の成績をあげられるようになることが明らかになってい
ます。[140]

　そして，面白いことに，到着年齢が高くなるにつれて，母語話者と同等レベ
ルとみなされる人の割合が減少していきます。ただし，そういう人がまったく
いなくなるわけではありません。到着年齢が上がれば上がるほど，英語のテス

---

[138] 詳しくは，白畑・若林・村野井（2010）を参照ください。

[139] Johnson & Newport (1989) の他，白畑・若林・村野井（2010）を参照ください。

[140] ただし，たとえば日本語を母語とし 5 歳でアメリカに移民し，その後ずっと住み続け，現在 20 歳の人にと
って，「最も得意とする言語」は日本語ではなく，第二言語の英語であることは明らかだ。第二言語の方が
母語よりも得意になっているということで，その第二言語である英語を，英語母語話者と同程度に操ってい
るということです。

トで母語話者並みの成績を取れる人の割合がどんどんと少なくなるということ
です。そのモデルを図8に載せておきます。また，英語の話される国への到
着年齢の高い人たちの中では，英語のテストの得点の分布が非常に幅広くなっ
ていきます。つまり，個人差が顕著になっていくということです。

　第二言語が話されている国や地域への到着年齢，つまり現地到着時の学習開
始年齢，が高くなると，**成人の第二言語学習者ではなぜ最終到達度において個
人差が著しくなる**のでしょうか？　つまり，習熟度が高くなる人とそうでない
人の幅が広くなるのはなぜかという疑問です。これはとても興味深い問題です。
残念ながら決定的な説明（仮説）は今のところないと思います。ですから，以
下の説明は筆者の仮説であることをお断りしておきます。私は次のように考え
ます。つまり，学習者本人が好むと好まざるとにかかわらず，そして，意識的
であれ無意識的であれ，成人が第二言語を習得していく際には「本来の言語能
力（UG）以外の個人の持つ能力や要因」がさまざまに影響を与えてくるため，
個人差が大きくなるのではないか。つまり，(28) にあげる要因が，時には習
得の助けとなり，時には邪魔をするのではないかと思うのです。

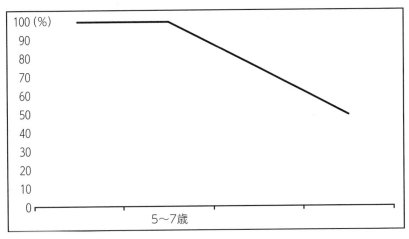

図8. 到着年齢と母語話者並みのレベルに達する割合のモデル

（28）本来の言語能力以外で学習者にさまざまに影響を与えそうな要因

  a. 学習者の母語の知識や構造からの影響

  b. それまでに学習者の身につけてきた一般認知能力・分析能力や常識
    的なものの見方や考え方

  c. 運動能力，聴覚視覚能力，そして記憶能力など

「学習者の母語の知識や構造からの影響」というのは，要するに母語転移と言われるものです。「それまでに学習者の身につけてきた一般認知能力・分析能力や常識的なものの見方や考え方」というのは，言語の知識そのものではないが，第二言語の文法規則などを明示的に習ったりするとき，その規則を頭の中で論理的に整理したりする際に（おそらく）使用する能力です。「運動能力の衰え」というのは，言語を産出する際には発声器官を使用しますが，声に出すまでの間に，肉体的に衰えが生じている可能性もあります。知識としては持っているが，発話するときに文法形態素などが脱落してしまう可能性もあります。「（頭の中の）言語知識 ＝（実際に産出する際の）言語運用能力」ではないということです。また，話し相手への応答として即座に対応できなくなってきている可能性もあります。「聴覚視覚能力の衰え」というのは，聞いたり，読んだりする際の肉体的な衰えです。「記憶能力の衰え」のために，年齢が高くなってから学習した語彙は覚えきれなかったり，一旦習ってもすぐに忘れてしまったりするのかもしれません。

 以上で示した，**言語能力以外の要因には個人差があり，それらの1つ1つの要因をプラスとマイナスで足し引きしていくと，最終的には大きな個人差となって表れるのではないか**と思います。こういった議論については，第3部の「教室での第二言語習得モデル」でもう一度考察したいと思います。

教室での第二言語習得と臨界期仮説・最終到達度

以上の議論は，アメリカなど，英語の話される国（つまり，第二言語環境）

で当該言語を習得する場合の最終到達度の話でした。ここからは，当該第二言語が話されていない国の，教室で言語を学習する外国語環境の場合（要するに，日本で英語を学習するような場合）での，最終到達度や臨界期仮説について議論したいと思います。結論から先に述べれば，**日本で英語を学習する場合，上述した臨界期についての詳細な実験結果などを全く気にする必要はない**ということです。なぜならば，そもそも，日本の教室で何歳から英語を学習しようとも，「母語話者並みの能力」を身につけることはかなり難しいからです。

　したがって，第二言語環境での実験データや臨界期仮説など気にすることなく，**私たちは「英語の上級者」となるよう，たゆまず努力を続ければよいの**です。そして，頑張れば，まわりから羨ましがられるぐらいの「英語（外国語）上級者」になれることも不可能ではありません。ただし，どの面から見ても英語母語話者と何ら変わらないほどのレベルには到達しないでしょう。しかし，そこまで要求する必要はないのではないでしょうか？　**日本の教室での英語教育の目的は，母語話者と肩を並べるほどの英語能力を身につけることではないし，また，「アクセント（なまり）」があっても堂々とコミュニケーションを取りましょう，というのが世界的な流れ（World Englishes）でもあります。**

　ある程度の日本語訛りの英語を使用しても気にすることなく，世界と堂々と渡り合っていこうではありませんか。筆者は，母語話者並みの英語能力を身につける環境にいなくても，がっかりすることはないですよ，ということを言いたいのです。頑張ればかなりの上級者になれることは確かですし，実際にそうなっている方は筆者の周りにもたくさんいます。そして，もし完璧なレベルになれなくとも，英語でコミュニケーションを取ることは十分に可能です。

　2020年度から小学校でも英語が教科として学習されることになりました。言語能力の伸長に関して，ここで大変否定的な見解を述べ，小学校英語教育にかかわる関係者の方々には申し訳ありませんが，きれいごとを言っても仕方ありませんから，筆者の意見を正直に書かせていただきます。言語能力に関して，筆者は，現在の小学校英語教育が置かれている状況（時間数や教員の問題）で小学校から英語を学習しても，高校修了時に，これまでよりも日本人の英語能

力が飛躍的に向上するようにはならないと思います。おそらくこれまでと大差ないでしょう。なぜならば，まず**英語能力をしっかりと身につける上では小学校での授業時間が少なすぎます。**[141]

　次に教師の問題が来ます。どのような先生に習うかによって格差が生まれるでしょう。[142]　教師の英語能力の問題は，学習する子どもたちの言語習得能力の問題とは全く関係のない側面です。**小学生に英語学習が無理だなどとは思いません。**やろうと思えば（つまり，条件さえ整えば），小学校6年生までで現在の中学校3年生までの内容を学習することは可能です。が，そうするための学習環境が整っていません。学校には任せられないという理由で，塾や英会話学校に通わせる家庭も今後さらに増えて来ると思います。[143]　そのような状況の中で，塾ではなく小学校で何がやれるのか，教師一人一人が真剣に考えていかなければなりません。繰り返し強調しますが，英語を毛嫌いせず，教師一人一人が自覚をもって，ご自身の英語能力の向上を目指すことが大事であり，それが子どもたちに最も影響を及ぼすことです。

　筆者は小学校での英語教育の実践を全面的に否定するつもりはありません。小学校から英語を導入しても，現在のやり方では日本人の英語能力がこれまでよりも飛躍的に伸びることはないだろうと言っているだけで，導入に伴う良い点は多々あると思います。まず，やはり，日本語以外の言語に触れることで，児童が「ことば」について意識するようになるのではという期待です。そして，もしたくさん（といっても時間的に限界はありますが）英語を聞いて，英語のイントネーションやリズムに慣れ親しむことができ，外国語の音声に関心を持つようになるのでしたら，将来的にプラスになると思います。身近な異文化の代表であるALTの存在も小学生には刺激になるでしょうし，彼らとことばを交

---

[141] もちろん，小学校で週に3時間以上の英語の授業を確保するためには，義務教育制度の抜本的改革以外に方法がないことは十分承知しています。そして，それを実行することはほぼ不可能でしょう。

[142] 筆者は，クラス担任ではなく，英語専科の教員が授業を担当すべきだと思います。

[143] まともな英語塾に通う小学生の中には，英語が飛び抜けてできるようになる子も出てくると思います。水泳，サッカー，ピアノ，ヴァイオリン，バレエなどが上手な子は，公教育で習ったわけではないのと同じ理屈です。

わすという経験などは異文化に目を向けるきっかけとなる可能性があります。

　筆者は，小学校での英語の授業時間数が少ないのであるから，「書くこと」の活動などは小学校で行う必要はないと考えます。そういった活動は中学校になってから開始すれば十分です。[144]　小学校ではできるだけたくさん英語を聞いて，聞こえたままに英語をリピートする活動を中心に行うことを願います。まずは，英語を聞いて，聞こえたままに発話させましょう。先生が英語の発音に自信がないのであれば，CD や DVD 等の音声教材をフルに活用すればよいでしょう。先生が上手に発音できなくても英語の発音指導はできるのです。ALT が授業に加わっているようでしたら，ゲームの手伝いばかりをやらせないで，小学生が興味を持つ実のある話（たとえば，3 分間ほどで ALT の日本での体験，本国での体験を分かりやすい英語で話してもらう）をたくさん英語で語ってもらいましょう。そして，**具体的な発音指導も積極的にしてもらいましょう。**筆者の見学してきた英語の授業に関する限りではありますが，/l/ や /r/，/f/，/v/ などの分節音素の発音練習は言うまでもなく，イントネーションの指導をしている ALT をほぼ見かけたことがありません。なぜしないのでしょうか？もったいないと思います。

第二言語での語彙の習得

　教室場面において，第二言語の語彙を覚えるその覚え方は，基本的に，私たちが母語の語彙を獲得する仕方とは異なります。というのも，教室での第二言語習得で，新出単語としてある単語を学習する場合，大抵の語彙でその語の表す意味を，母語の語彙を通してすでに知っているからです。もちろん，母語と第二言語の語彙で，意味がまったく一致する場合の方が珍しいかもしれませんが，おおよそ似たような内容を表している場合の方が多いと思います。ですから，第二言語であらためて意味をゼロから覚えていく場合は少ないと言えます。

---

[144]　とは言え，学習指導要領に従えば，小学校でも文字の学習をするようになりました。

　中学校での新出英単語は，2021年度以降は1600〜1800語ですが，それらの単語の日本語での（類似した）意味を知らない中学生はほぼいないでしょう。小学校での英語教育の場合も同様です。ですから，英単語学習においてJLEsがやらなくてはいけないことは，当該単語の意味そのものを覚えることではなく，その英単語は日本語ではどの語彙に相当するのかということを把握することと，その語彙の綴りと発音を学習させることです。[145]

　私たちはしばしば「この英単語は難しい単語だ」などと言ったりしますが，この場合の「難しい」とは，当該英単語が低頻度で使用される語彙であるため，母語においてもあまり使用されず，その「意味」や「概念」に疎い場合に使用するのだと思います。たとえば，insightという単語が新出単語として出てきて，生徒が辞書でその意味を調べたとします。そこには「洞察力」という日本語訳が載っています。しかし，その日本語訳の意味が分からなければ，この生徒は「洞察力」が含蓄する意味の理解から学習しなければなりません。よって，日本語（母語）での語彙量が少ない生徒は，学年が上がるにつれて英単語を覚えていくときに苦労するのだと思います。そのような学習者は，母語での語彙の量を同時に増やしていくことも必要となるでしょう。特に，抽象的な概念を表す語彙は，その意味を母語でまず理解しておく必要があると思います。

　ある人が，ある語彙を「知っている」かどうかを客観的に判断することは，たとえどのような種類のテストをして調査したとしても，正確に測定することは大変難しいことだと思います。つまり，ある語彙について，「見たこと，聞いたことがある」「何となく意味は分かる」「はっきりと意味は分かるが，自分ではめったに使用しない」「意味も分かるし普段よく使用している」など，さまざまな語彙の理解度レベルがあるからです。たとえ，ある語彙を「知らない」と答えたとしても，本当に全く知らないのかどうか，人によってその基準が違うかもしれません。

---

[145] 高校生や大学生の場合は若干異なるかもしれません。一部の高校生や大学生にとっては新出英単語の日本語訳の意味が理解できない場合が起こり得る可能性もないとは言えません。

　母語の語彙の場合は，その人が「使用できている語」であれば，発音や文法などを誤って使用していることは（小さな幼児を除けば）あまりないと思います。[146]　しかし，第二言語の場合はそれとは状況が異なります。発話していても誤って使用している場合もあります。そのような言語学的な実情はあるものの，ともかく，小学校を皮切りに，2020年度からスタートした学習指導要領では，高校卒業までに学習する英語の語彙数が3000語から4000語〜5000語に増加することになりました。1950年代から60年代にかけての一時期は，5000語以上の単語を導入していた時期もあったようですが，2020年度からの新学習指導要領での，高校卒業までに4000語〜5000語という数字は，最近の学習単語数では最も多い数字だと言って差し支えありません。(29)には最近の学習指導要領（外国語）での学習する語彙量の変遷を載せました。語彙を効率的に教えることがますます重要になってきました。

(29)　学習指導要領（外国語）での語彙量の変遷
　　　a. 旧々学習指導要領：中学校900語，高等学校1300語〜1800語，合計2200語〜2700語
　　　b. 旧学習指導要領：中学校1200語，高等学校1800語，合計3000語
　　　c. 2020年度以降，順次全面実施の学習指導要領：小学校600〜700語，中学校1600〜1800語，高等学校1800〜2500語，合計4000語〜5000語

　筆者は，学習すべき語彙量が増えることに基本的に賛成です。母語であれ，第二言語であれ，語彙量の多い人の表現力は豊かだと感じます。第二言語の語

---

[146]　ただし，単語というよりも，表現ですが，母語においてでも意味を勘違いして長い間使用していた，というような場合が時にあります。たとえば，「なし崩し（＝少しずつ返していく）」「げきを飛ばす（＝自分の考えを広く人々に知らせ同意を求める）」「やおら（＝ゆっくり）」などは，多くの人たちが意味を間違えて使用している典型例です。

彙をたくさん知っていれば表現の幅も広がります。[147]　豊富な語彙量があれば，書かれた文章を理解する際に未知なる単語に出会う割合が低くなり，文章の意味を理解し味わうことを容易にさせるだけでなく，他の3技能（listening, speaking, writing）を使用する際にも役立つと思います。たとえば，speaking の時でも，ある1つの単語を知っているかいないかで，話がしやすくなったり，逆に会話がつながらず，うなだれてしまったりすることは，皆が経験してきたことなのではないでしょうか。言いたいことを表現する適切な文法が分からずに話に窮する場合もありますが，適切な語彙が分からずに話が途中で止まってしまう場合も多々あります。

　それでは，一般的な日本の高校生，大学生，そして成人は一体どのくらい「日本語（母語）の語彙」を身につけているのでしょうか。これは難問です。「1語」の意味がいろいろに取れるからでもあり，上述した「知っている」の基準があいまいだからでもあります。[148]　現在まで，さまざまな語彙調査に関する研究論文が出ていますが，それらの調査を基に，筆者の考察を加味すると，高校生・大学生の年齢の日本語母語話者だと，おそらく平均的には3万語から4万語ぐらいの日本語の語彙量（受容語彙という意味です）を持っているのではないかと推測できます。

　ここでは，一般高校生の日本語語彙量を仮に3万語であるとしてみましょう。すると，たとえ英語の語彙を5000語「知っている」としても，その量は日本語のわずか6分の1ということになります。学校教育の中での英語学習とは言え，4技能を駆使してコミュニケーションを図っていくことを目指す，現在の日本の英語教育の目的からすると，5000語でさえもそれほど十分な語彙数とは言えないのかもしれません。英語を話したり書いたりしているときに，

---

[147] 日本のような学習環境での学習者の場合，第二言語（英語）での語彙量が多い人は，必然的に母語（日本語）での語彙量も多い人ということになります。

[148] 「勉強」「勉強する」「不勉強」などは1語の語彙とみなすか，複数の別々の語彙とみなすかという問題です。英語でも同様で，beauty, beautiful, beautifully, beautifulness などの「ワード・ファミリー（word family）」を，1語とみなすか，別々の語彙とみなすかという問題が語彙を計算する場合には生じます。

「日本語でならばもっとうまく表現できるのになあ」というフラストレーションは，誰しも一度や二度経験することです。やはり，その原因の１つには，使用できる語彙の不足があげられると思います。

　一方で，「3000 語でも教えるのに四苦八苦してきたのに，単語数をこれ以上増やされたらどうしようもない」と嘆かれる先生方もいらっしゃるかもしれません。しかし，学習すべき英単語の数が増えたことは事実ですし，前述のとおり，そもそも，日本語でも英語でも，他のどの言語を学習する際でも，たくさん単語を知っている方が便利なことに変わりありません。**文法の学習の場合と同様ですが，語彙の学習も，語彙自体をたくさん覚えることが最終目的ではありません。あくまで，４技能の習得の際の土台とすべきものです。**英単語学習に積極的に取り組むためにも，今後はどのような語彙の学習方法がより効果的であるのかを，今まで以上に積極的に考えていくことが日本の英語教育のためになると思います。

 ## 外国語学習と脳の働き

　私たちの行動，思考，記憶，認知などの活動には，ほとんど脳が関与しています。ことばを話したり理解したりすることにも当然脳が大きく関与しています。人間の成人の脳の重さは平均して 1400 グラムで，大脳，小脳，脳幹の３つの領域に分かれていて，それぞれが異なる役割を果たしています。そのうちの大脳ですが，右脳と左脳に分かれています。**右脳は左半身および左視覚領域とつながっており，左脳は右半身や右視覚領域とつながっています。右脳と左脳は独立して機能しているわけではなく，脳梁と呼ばれる連合繊維で結ばれ**ていて，互いに情報のやり取りをしています。脳活動は脳の電気的な活動です。脳の中には神経細胞（ニューロン）があり，脳細胞内外のイオンの流れによって電位の変化を生み出します。

ブローカ言語野とウェルニッケ言語野

　言語は脳のどの部分で扱われているのでしょうか？　**言語と脳との関係を研究する領域を「神経言語学（neurolinguistics）」**と呼びます。19世紀の半ばごろ，フランスの医者ブローカ（P. Broca）は，ある失語症患者に出会います。[149]　彼は，話しかけられた内容は理解できるのに，発話がほとんどできなくなっている失語症患者で，知能面での障害はなく，退院後も普通に働いていました。この患者の死後，脳解剖がおこなわれました。その結果，左脳の前頭葉の側面に病変のあることが分かりました。図9を参照ください。ブローカは，この左脳前頭葉の部位が発話に関係する領域であると推測しました。そして，現在，この左脳前頭葉の**言語の発話にかかわる領域を「ブローカ言語野」**と呼んでいます。

　時をほぼ同じくして，ドイツの神経学者ウェルニッケ（C. Wernicke）は，別の症状を示す失語症患者の例を報告しました。その患者は，自分が話すのには何も問題がなかったのですが，相手の話すことばがほとんど理解できなかったのです。もちろん，聴覚自体には何も問題はありません。その患者には，左脳の側頭葉および頭頂葉・後頭葉の境界領域に損傷部位があることが判明しました。この事実から，ウェルニッケは，この部位がことばを理解するのに使用する領域であると考えるに至りました。ブローカの「発話領域」とは異なる，もう1つ別の言語にかかわる領域，つまり「理解領域」を発見したのです。この**理解にかかわる領域は現在，「ウェルニッケ言語野」**と呼ばれています。

　さらに，**角回**と**縁上回**という部位があります。この2つの部位も左脳の頭頂葉にあります。角回は字を読んだり書いたりすることにかかわっており，視覚情報を聴覚情報に変え，音読に必要な処理を担当していると考えられていま

---

[149] 失語症（aphasia）とは，言語がすでに習得された後で，脳卒中，頭部損傷，脳腫瘍などにより，脳の特定部位が損傷し，言語の理解能力または産出能力が阻害される症状のことを言います（白畑・冨田・村野井・若林，2019）。

す。一方，縁上回はウェルニッケ言語野を通って音の情報が送られてくる部位です。よって，この部位に損傷を受けると，相手の発話したことを繰り返して言うことができなくなります。この2つの発見から分かることは，人間は発話と理解において，別の領域を使用していること，そして，言語野と呼ばれる言語にかかわる領域は，基本的には左脳に存在するため，左脳は言語的な脳だということです。一方で，右脳は，非言語的，視空間的な脳だと言われています。

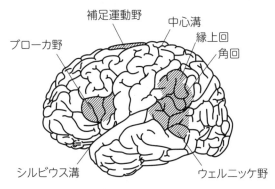

図9. 大脳の主要言語領域（左半球）
（萩原裕子（1998）p. 46『脳にいどむ言語学』岩波書店より作成）

さらに詳しい脳内の言語地図

　酒井（2009, 2019）によれば，**脳の言語中枢は基本的に4つの部分から構成されているとのことです。その4つとは，「文法」「文章理解」「音韻」「単語」です。**そして，それぞれが役割を分担しつつも互いに情報をやり取りして言語を理解したり産出したりしているのです。図10をご覧ください。文法と文章理解が前の方（つまり，ブローカ言語野と言われる部位に重なる部分）に，音韻と単語が後ろの方（つまり，ウェルニッケ言語野と重なる部分）にあることが分かります。[150]
　まず，文法中枢ですが，脳が文の統語構造などを処理する際に使用する場所

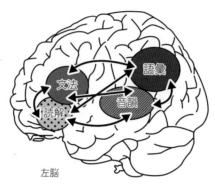

左脳

図 10. 脳の言語地図（酒井邦嘉（2019）『チョムスキーと言語脳科学』集英社インターナショナル，p. 187 より作成）

です。文章理解中枢は，文法だけでは判断できない単語の組み合わせや文脈などから意味を汲み取るのに使用する場所です。つまり，「若い女の人と男の人」の意味が「若い女の人と，やはり若い男の人」の意味か，「若い女の人と，必ずしも若くない男の人」の意味なのかを，文脈などを手掛かりにどちらの意味なのか判断する際に使用する場所です。文法と文章理解の場所が前頭葉の領域にあるということは，文法や文を理解するということは人間だけが持っている能力のため，新しく人間で誕生した前頭葉を使用しているのではないか，ということです。[151]

　音韻中枢は発音，アクセント，イントネーションを理解するのに使用する場所です。つまり，「アメ」という音を聞いた時，それが「雨」なのか「飴」なのかを判断したり，上昇調の疑問文か下降調の平叙文かを区別したりする際に使用する場所です。単語中枢は脳が語彙を処理する際に使用する部位です。音韻と単語を司る部位が損傷を受けると，音の連なりが分からなくなり，適切な単語を選ぶことや相手の発話の意味が理解できなくなってしまいます。

---

[150] 「文字中枢」も独立してあるようで，これは音韻の下あたりだそうです。また，酒井（2002）も，脳と言語についての解説が詳しく載っていますので，ぜひ一読ください。

[151] 酒井（2009）

　このように，ヒトの脳では言語を処理する部位が役割分担されているのであれば，言語能力は他の認知能力とは独立したモジュールをなしていると言えるでしょう。そして，日本語でも英語でも，ブローカ言語野とウェルニッケ言語野を中心として，脳の同じ場所を使用して言語を処理しているということです。また，英語の初心者でも日本語と同じ部位を使用して処理することも判明しているようです。[152]　ですから，「基本的に」左脳にある言語を処理する部位を使用して，母語も第二言語も（そして，第三言語以降も）処理をするということです。

右脳で外国語学習？

　「右脳で外国語（英語）を学ぼう」というフレーズを唱える人たちがいます。その方々の主張を筆者なりにまとめれば，左脳は分析的な脳であるから，左脳を使って外国語を学ぶと旧態然とした（？）文法訳読式のような学習方法になってしまう。それは，外国語学習にはマイナスである。一方，右脳はひらめきの脳であり，右脳を活用すれば，イメージや感覚を基に，無意識のうちに包括的に学習でき，そのためには右脳を働かせる学習方法を採用すべきである，といった感じかと思います。右脳は（ごく一部の人にでしょうが）あらゆる神秘的な，不思議な現象を説明できる万能のキーワードになっているようです。

　まず述べておきたいことは，左脳は「言語的」，右脳は「非言語的，視空間的」だという分類も，脳の左右両半球の役割の絶対的な基準ではないということです。たしかに，上述したように，左脳に損傷をきたすと失語症になる可能性が高いです。しかしながら，ウェルニッケ言語野ほどではありませんが，右脳にもことばを理解する働きがあります。そして，隠喩やユーモアの理解などには右脳が関与しているという報告もあります。[153]

152　酒井（2009）
153　菊池・谷口・宮元（編著）（2002）

　右脳の「非言語的，視空間的」という機能は，左脳でも可能です。要するに，「非言語的，視空間的」な処理は，右脳の方が左脳よりも「優位」だということに過ぎません。左脳も言語的なものだけを処理しているのではなく，逆に，言語的なものがすべて左脳で処理されているわけではありません。同様のことが右脳にも言えます。**「右脳と左脳の区別」というのは，両者を大まかに特徴づけているのに過ぎないのです。**整理すれば，**左脳は言語機能に関してかなりの優位性を示し，右脳は非言語的，視空間的能力に関し少しの優位性を示している**と言えるでしょう。

　左脳と右脳が別々に独立して働いていると考えることも誤っています。実際には，前述したように，2つの脳を脳梁が結んでいます。左右の大脳は，どのような心理活動を行っていても絶えず緊密に連絡し合い，協同で物事に対する処理を行っているのです。以上のことからも「右脳で外国語学習」がいかにひどいデマであるかが分かっていただけたと思います。母語獲得も外国語学習も，基本的には左脳中心におこなわれ，そこに右脳も微妙に関与してくる，結局は両方の脳を使用して行っています。これは，人間の意志では変えられません。

　再び，「右脳で外国語学習を提唱する人たち」に戻りますが，筆者が最も疑問に思うのは，それでは一体，この方々は，どのような方法を取って教えるのが良いと考えているのかということです。訳読はせず，丸暗記させたりする方法でしょうか？　それとも，クラシック音楽でも聴きながら学習する？　いずれにしても，ある訓練（学習）によって一定の効果が得られたとしても，それが「右脳を鍛えたため」という証拠にはあたりません。**私たちは脳の話をされると，何となく神秘的で，難しそうで，信用したくなってしまいます。**科学的な根拠を適切に評価できる常識的な目を持ち，くれぐれも怪しげな謳い文句に騙されないようにしたいものです。[154]

---

[154] 同様の趣旨を白畑（編著）若林・須田（著）（2004）『英語習得の「常識」「非常識」』にも書かせていただいております。もし宜しかったらそちらも併せてお読みください。

"

教室での
第二言語習得に関する
基礎的知識

"

教室での第二言語習得モデル

　本書の締めくくりとして，第3部では筆者の考える教室環境での第二言語習得モデルを提示し，そのモデルを基に，日本の教室環境で「英語を教えること」「英語を学習すること」について考察していきたいと思います。

　まず，日本の教室で英語を学習する学習環境には，一般に次のような特徴があります。

(1)　日本の教室で学ぶ英語学習環境の特徴
- a. 教師の指導を受けながら，教科書を使用して学習する。
- b. 教科書はコミュニケーション能力の育成を意識しながらも，基本的には文法シラバスの形態を取っている。
- c. 中学校，高等学校の場合，教科書に掲載されている順番で，新たな文法項目や語彙を次々に習って行く。
- d. 教師は1名で，たいてい英語の非母語話者であるが，学習者と同じ日本語を話すため，母語を通して互いにコミュニケーションが取りやすい。
- e. 授業時間数が限られている。
- f. クラス人数が数十名であり，教師から一対一で教えられるチャンスは少ない。
- g. 同じ教室にいる学習者であっても習熟度に差があるため，必ずしも自分に合ったペースで学習が進むとは限らない。
- h. 教室外で英語を使用する機会が少ない。

　(1a)～(1c)について，教室には教える教師がいて，一般的には文部科学省検定教科書を使用して教えることになります。その教科書の作り（文法項目や語彙の配置）は「基本的な表現」⇒「高度で複雑な表現」の順番に配置されています。基本的な表現を理解しなければ，それらの組み合わせである高度で

複雑な表現を理解することは困難になります。このようなことからも，**英語の指導や宿題の出し方は「復習中心に」行うのが良いと思います。**また，教科書や学年が上がるにつれて，教師の使用する英語表現や言葉がけも次第に高度になっていくのが普通です。

（1d）について，同じ母語話者同士が教師と学習者の関係でいるというのは，長所と短所があります。**長所は，学習者に学習上の疑問点がある場合に，最も得意とする言語（母語）で質問することができること**です。特に，抽象的な内容の英文を読むことが多い高校の授業では，上手に日本語でサポートすることは必要なことです。教師も自分の母語で懇切丁寧に受け答えすることができます。さらに，かつては教師も同じ母語を持つ第二言語学習者であったために，学習者のつまずきやすい点，苦手な点が理解しやすいということです。

欠点は，**教師と母語で話が通じることで学習者はついついそれに甘えてしまって，**英語を使おうとする意欲が減じてしまう可能性のあることです。ALTの場合は，「この先生は日本語が通じないから頑張って英語で話をしよう」と割り切る場合が多いと思いますが，日本人教師の場合，そのような感情を持たなくなる可能性もあります。教師ができるだけ英語で通したいと思う場合，じっと我慢することも必要となってきます。日本語と英語の使用のバランスを考えていきたいものです。

（1e）〜（1f）について，アメリカなどで日本人が英語を学習する第二言語環境の場合に比べて，圧倒的に英語に接触する時間が少ないのは致し方ありません。ないものねだりをしても前に進まないので，授業時間をどのように有効に使用するかを考えることが重要でしょう。そう考えると，**学習者が一人でできそうなことは宿題に回すことも必要**で，教室ではインプットとアウトプットをできるだけ多くする活動や，大勢のクラスメートがいることをプラスに利用した活動を考えたいものです。**ペアワークやグループワーク（協同学習）はお勧めです。**全員が一斉に活動できますし，互いに教え合うことで知識も定着してくると思います。教師が一人であっても，ペアワーク・グループワークを増やすことで，その欠点を補うことができるでしょう。

　（1g）について，確かにこれは難しい問題です。学年が上がるにつれて，習熟度の幅が広がっていくのが一般的です。[155]　現実的には，教師は「クラスの中ぐらいのレベルにいる学習者」に焦点を当てて指導することになるのでしょう。クラスの生徒の中で習熟度に差がある場合にもペアワーク・グループワークは有効だと思います。「できる子が損をするのではないか？」という意見がありますが，そんなことはないと思います。できる生徒がそうでない生徒に教えることによって，「頭の中の知識の整理」ができます。決して損をしたりしません。

　（1h）も現実的にはそのとおりであって，一歩学校の外に出てしまえば，英語を使用する機会がほとんどない地域もあります。この使用機会のないことに対する対処法は何かあるのでしょうか？　1つは，**教科書の英文を自宅で聞くこと**があげられます。現在の教科書には音声視聴のための QR コードや URL が記載されています。これを大いに利用したいものです。以前はお金を払って CD やカセットテープを購入しなければなりませんでしたが，今は合法的な手段で英文を視聴できるのはありがたいことです。

　さらに，もし環境が整っているのであれば，筆者は**自宅でのインターネットの利用**をお勧めします。ネットで検索すれば，有り余るほどの「英語教材」を見つけられます。小学生用の English short stories（動画）から大学生や教師のための英語教材まで幅広い材料を無料で提供してくれています。これを活用しない理由がありません。筆者も YouTube で公開しているアメリカのテレビ局のニュース番組（たとえば，ABC News）をリスニングの勉強としてよく聞いています。近くに英語の母語話者がいなくても，現在では探せば材料は

---

[155] 習熟度の差が広がっていくのは一体何が原因なのでしょうか？　世間ではよく，「あの子は頭の良い子だから英語ができるのだ」という言い方をします。それでは「頭の良い子」とはどんな子なのでしょうか？　数学ができる子なのでしょうか？　しかし，数学が得意であっても英語が苦手な子もいますし，その逆のパターンもあります。もちろん，両方できる子もいます。それとも，単に勉強量の差なのでしょうか。そうであれば話は簡単で，生徒になんとか勉強量を増やすように促せばよいことになります。教室環境において，「英語ができる子」と「そうでない子」は何がどう違うのか，きっと何かが違うのでしょうが，筆者には今もってよく分かりません。

いくらでも見つかると思います。

　このような学習環境に JLEs は置かれていることを前提に，彼らの習得モデルを提案し，教え方を工夫していかなければならないと思います。図1に筆者の考える教室環境における JLEs の第二言語習得モデルを記載します。[156]

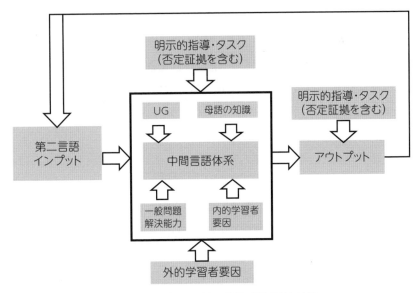

図1. 本書で仮定する第二言語の習得過程モデル

以下では，それぞれの項目について，考察と解説をしていきます。

（第二言語）インプット

　どの言語を何番目に習得するにしても，**言語習得には言語インプットは不可欠**です。インプット，つまり入力される言語情報がなければ言語を習得できま

---

[156] 鈴木・白畑（2012：121），白畑（2015：178）で提案したモデルを基に，若干の修正を施した新しいバージョンです。

せん。ですから，**授業ではリスニングとリーディング活動を通して，できるだけ多くのインプットを与える工夫が大事となってきます**。第二言語習得でのインプットは，耳から（リスニング）だけではなく，目からも（リーディング）入ってきます。この入力方法は母語獲得の場合とは異なります。母語獲得の場合はほぼ耳からだけです。[157]

　要するに，第二言語習得におけるインプットとは，学習者が当該言語を聞いたり読んだりして，その意図や意味を理解しようとする言語情報のことを指します。よって，教師が「指導」をする際の，学習者に例文として与える言語情報とは異なります。学習者が言語の形式的特徴（文法的特徴）を学ぶためだけに処理しようとする言語データと，ここで言うところの「インプット」とは異なるということです。

　母語獲得の場合と同様に，第二言語習得でのインプットは，「このように言う」という肯定証拠から成り立っています。たとえば，第二言語学習者の主要な言語インプット源となる教科書は，肯定証拠からできています。付属のリスニング教材や市販の文法書も同様です。つまり，学習者の使用する教材は基本的にすべて適切な英語表現から出来上がっています。そして，学習者はこの肯定証拠を習得のための第一次言語資料として脳に取り入れることになります。

　ここで，「インプットだけで第二言語習得が上手くいくのだろうか？」という疑問がわいてきます。Krashen はそれだけで上手くいくと主張しました。彼は，第二言語学習者には現在の言語能力レベル（これを「i」と表記します）よりも少し上の**「理解可能なインプット」**（つまり，**「i + 1」のインプット**）を**多く与えると言語習得が最も滑らかに促進する**と主張しました。[158]　そして，大量のインプットを与えている期間は，学習者に無理に話させる必要はなく，この期間に学習者の頭の中ではインプットが蓄積していき，それがいっぱいに

---

[157] もちろん，どのような文脈でそのことばが話されているかを理解するためには，副次的に目からの情報も利用しているとは言えますが，耳が聞こえないと音声言語の獲得は非常に困難となります。

[158] 白畑・冨田・村野井・若林（2019）の Input Hypothesis の項を参照ください。

なり，あふれ出す頃になると自然に話し始めるので，それまでは話すことを強制すべきではないとも主張しました。

　なるほど，「学習者の現在のレベルよりも少し上のレベルのインプットを与える」という考えは，なかなか魅力的ですね。他の実技系（音楽やスポーツ）の種目などで置き換えてみても，生徒に現在できることよりも少し高度な内容を教えることを積み上げて能力・技術を向上させているような気がします。

　しかしながら，英語（外国語）学習の場合，「その学習者の現在のレベル」はどうやって知ることができるのでしょうか？　英検２級を取得したとか，TOEIC で 500 点取ったと言われても，結局，「それって，何ができていて，何ができていないの？」という疑問がわいてきます。「英検２級程度」という言い方も実はとてもあいまいですので，「英検２級取得者への i ＋ 1 のインプット」も，具体的にどんなインプットをその学習者に与えれば，それに相応するのかあいまいになってきます。**「その人の総合的な英語レベル」を具体的・簡潔に表記することは実は不可能なのです。**[159]

　また，「TOEIC で 500 点」を取得した人が３人いれば，その３人の中でも正解した問題と間違った問題は，それぞれの受験生で異なるはずです。同様に，それぞれの学習者の「＋1」も正確に記述することが不可能です。何をもって（つまり，どんなインプットが）「少し上のレベルのインプット」になるのかが不明確だという意味です。体育の授業の跳び箱で５段を跳べた生徒が，次は６段に挑戦するというのは，おそらく「i ＋ 1」的なのでしょうが，英語（言語）能力レベルはそのようにはいきません。

　一見すると英語指導で使えそうに見える「i ＋ 1 のインプット」の考え方ですが，実際にはきちんと応用できそうにないことが分かりました。ただし，「教師の経験知的な観点」を踏まえた，「おおよその i ＋ 1」的な教え方はすでに実践されている先生方も大勢いらっしゃると思います。つまり，具体的な尺

---

[159] 日本語（国語）能力の場合も同様です。学校の通信簿の国語科の成績は必ずしもその生徒の母語能力を測ったものではありません。

度には欠けるが,「このぐらいの英文だとこの生徒たちには少し難しそうだな」とか,「このリスニング教材はこの生徒たちには簡単すぎる」と感じるのは,教師経験を積んでくると自然に分かってくるものです。そのような経験知に基づいたインプットの与え方も教室での外国語教育には必要なのかもしれません。

　次に,Krashen の「理解可能なインプットを与えるだけで第二言語の習得が可能になる」ですが,やはりここにも問題点があると思います。日常生活でインプットをたくさん受けることができる「英語が話される国や地域での英語習得」とは異なり,教室の学習だけではインプット量が絶対的に不足しています。英語の授業は多くても週に 5〜6 時間しかありません。この量では「授業に参加しているだけで無意識的に英語を身につけていく」のは不可能です。[160]その不足する言語インプット量を別の手段で何とか補わなければなりません。

　タスク活動などを通した有意味練習（アウトプット活動），明示的指導，誤りへのフィードバック，否定証拠の提示，復習を中心とした宿題などがインプットの絶対的不足を補ってくれると筆者は考えています。[161]

明示的指導

　明示的指導（explicit instruction）とは,教えようとする言語項目の理解を促進するために,学習者の注意を当該項目に意識的に向けさせる指導のことを言います。明示的指導の方法は大きく分けて 2 つあります。1 つ目は,**教師指導型で目標言語項目について,黒板やプリントを使用し説明していく方法**です。大勢の生徒が 1 つのクラスで授業を受ける教室環境において,学習者の多くがつまずきやすい言語項目を,クラス全員の前で説明するなどがこれに当

---

[160] 2〜3 度教科書の英文を CD で聞かせて,それで「英語をたっぷりと聞かせた」なんてゆめゆめ思わないでください。

[161] Krashen 以外でもこのような活動は大した役割を果たさないと主張する研究者が少なからずいます。母語獲得の場合とほぼ同様に,脳内の言語習得システムと肯定証拠を中心とするインプットの相互作用によって第二言語は習得されていくのだとする主張です。本文にも書きましたが,教室環境での外国語学習の場合,筆者はこの説には無理がある気がします。

たります。

　もう1つの方法は，**当該言語項目の含まれる例文等を，口頭または紙媒体で学習者に提示し，そこにある規則に気付かせる発見的学習方法**です。たとえば，現在進行形を教える際に，教師自身が走ったり，歩いたり，本を読んだり，眠っている格好をしたりして，その都度，I'm running. I'm walking. I'm reading. I'm sleeping. と発話し，進行形の言語規則に気づいてもらう方法です。明示的指導の際に，どの程度専門用語を使用するかはそれぞれの教師によって異なるかもしれませんが，使わずに学習者が理解し使用できるようになるのなら，それに越したことはないと思います。

　明示的な指導は幼児の母語獲得では行われないわけですが，筆者は教室環境での明示的指導が，脳内での「中間言語（interlanguage）を構築する過程」と，アウトプットをした際の「産出の過程」に働きかけ，第二言語習得を促進させる効果があると考えています。前述のとおり，教室内の大勢の学習者に共通する誤りは，やはり明示的に指摘して言語形式を意識させることが，認知能力が高くなっている学習者に対しては現実的で，限られた授業時間も有効に使える方法だと思います。

　明示的指導の際に注意すべきことは，必要以上に細かな文法説明に終始しないことです。中・高・大学生が4技能の能力を伸ばしていくのに不必要なほど細かな文法説明は，巷の「文法学習は害である」という誤った考え方がこれ以上流布しないためにも，そろそろ止めにしたいものです。強調しますが，**4技能の能力を伸ばすためには文法指導は必要です。教師が真剣に取り組むべきことは，いかに実際の使用場面に即して新出文法項目を学習者に指導していくかということです。**

　目標の文法規則について，学習者に，何となく，徐々に，文法規則について自然に気付いてもらうよう暗示的に（implicitly）導入することは，授業時間がたっぷりあるような学習環境（第二言語環境やイマージョン・プログラム教育[162]）では可能かもしれませんが，普通の教室環境ではなかなか厳しいのではないでしょうか。[163]

　明示的な手法を使う際には，英語の構造を母語（日本語）の構造と対比して示すのも有効な方法だと思います。両者には相違点だけでなく，実は類似点も多いことを示唆することで，2つの言語の特徴がより深く理解できると思います。[164]　さらに，明示的指導を行う際，「このような文を作ると英語では不適格になりますよ」という誤りの含まれる例文を与えての指導も，自分が正しいと思って使用している誤った言い方を意識するようになったり，なぜ誤りなのかを自覚することができるようになったりして有効な方法だと思います。

**　母語獲得時とは異なり，第二言語習得では否定証拠がそれなりに役に立つと筆者は考えています。**「それなりに」というのは，「誤りを指摘することで，その日から当該項目の誤りをしなくなるほど完璧な指導方法ではないけれど，それによって誤りの割合が減少していく場合も多々ある」という意味です。このことを以下にもう少し詳しく述べます。

　(2) に示すように，明示的指導が効果を発揮するためには，学習者が，教師が何を説明してくれているのか理解できなければなりません。加えて，他の規則と当該規則を有機的に結びつけることができるまで，英語の習熟度が達している方が有効的です。ある1つの規則は，他の諸規則とつながっているのです。1つの文法規則が他の規則と関連しないで，ポツンと単独で存在しているということはありません。

(2)　明示的文法指導，誤り訂正が効果的である学習者側の条件

---

[162] イマージョン・プログラムとは，学習者の母語ではなく，習得目標とする第二言語を教育用語として授業をおこなう言語教育プログラムです。有名な例として，カナダのケベック州では英語を母語とする子どもたちが，フランス語を教育用語としている学校に通っています。そこでは，算数・数学，地理，芸術，体育といったほぼすべての教科がフランス語で行われています。

[163] もしそれで授業が成り立っているのであれば，その生徒たちは自学して意識的に英文法を学習しているか，塾等できちんと（明示的に）教えてもらっているのだと思いますが，いかがでしょうか？

[164] 日本語と英語に類似点なんてないのでは？，なんて思わないでください。主語が文頭に来ること，過去形があること，進行形があること，比較表現があることなど，共通点はたくさんあります。「進行形はどの言語にもあるのでは？」とも思わないでください。ドイツ語やインドネシア語には進行形はありません。授業で，日本語では過去形はどのように表すのか，進行形はどう表すのか，といったことも英語と対照して扱うことは，ことばへの気づきを促す上で重要なことだと思います。

a. 教師の説明が十分理解できるほどの認知能力・分析能力がある。
b. 他の規則と関連付けて当該文法項目の規則が理解できる段階にまで
英語の習熟度が到達している。

　教師が同じ説明をしても，学習者の理解度によってその効果が変わってくる
のです。このことは，たとえば，小学生と大学生にまったく同じような質的説
明ができないことでも分かると思います。逆に効果的ではない学習者の条件は，
「(2) の反対の条件を持つ学習者」ということになります。教師は学習者の年
齢（認知発達の度合い）や，彼らの英語の習熟度に合わせて，その明示的指導
の中身を変える必要があります。小学生に教える方法，中学生に教える方法，
高校生に教える方法，そして大学生に教える方法は同じにはなり得ないという
ことを，もう一度確認したいものです。

　明示的指導法は，小学生よりも認知能力・分析能力の高い中学生，中学生よ
りも高校生そして大学生により有効な方法ということです。小学生や中学生に
はできる限り文法用語の使用を抑え，できるだけ多くのインプット（肯定証
拠）を与えることを中心に，当該規則を実際に使用する場面に即して学習して
いく方法です。**筆者は，「明示的に学習した文法規則は，文脈を伴う有意味練
習を繰り返すことで，ほぼ無意識に使用できる文法規則へと変換できる」と信
じています。**ただし，後述しますが，明示的な指導や誤り訂正が効果的な領域
と，あまり効果的でない領域があるのも事実です。

　**明示的に外国語を学習する意図や役割は，外国語環境でのインプット量の少
なさを補うための代替の 1 つだと筆者は考えています。**そして，子どもに勝
る大人の優れた点である認知能力・分析能力の高さ，加えて，言語の特徴を客
観的に見ることのできる力を十分に活かすことができる外国語指導法・学習法
なのだと思います。学習者は，まずは規則を意識すること（気づくこと）から
始め，それが規則の理解につながり，次に適切な文脈の中で使用する練習を通
して，当該規則が次第に内在化され，練習を繰り返すことで最終的にはほぼ無
意識のうちに，かなり上手に使用できるようになると考えます。もちろん，そ

れには「練習」が必要です。

　明示的指導の効果について，簡潔にまとめれば（3）と（4）のようになります。[165]

(3)　明示的文法指導，誤り訂正が効果的である文法項目の特徴

　　a. 規則の内部構造が単純な項目

　　b. 語彙的意味の伝達が主となる項目

　　c. 日本語（母語）に同じか類似した概念・構造が存在する項目

　　d. 今までに十分に教えられてこなかった項目

(4)　明示的文法指導，誤り訂正が効果的ではない文法項目の特徴

　　a. 規則の内部構造が複雑な項目

　　b. 文法的機能の伝達が主となる項目

　　c. 日本語（母語）に同じか類似した概念・構造が存在しない項目

　　d. その規則について既に十分な知識を持っている項目

　このような結論に至った理由は，筆者がこれまでにおこなった研究の成果に基づいています。詳しくは白畑（2015）をお読みくださればと思いますが，教師の明示的な指導は，指導直後にはほとんどの項目で効果が認められました。しかし，2か月以上にわたって，その効果が持続するかと言えば，効果が持続していた項目と，していなかった項目とに分かれました。その両者の違いをもう少し詳しく分析してみると，効果の持続しない項目の特徴には，それらが文法的な機能を伝えることを主とする項目，いわゆる，機能範疇（functional category）や文法形態素と呼ばれる項目に属するものであることが分かりました。[166]　また，明示的指導に基づく誤り訂正によって文法形態素の習得難易度順序を変えることはできませんでした。一方，比較的長期間にわたって効果

が持続する項目は，語彙的な意味の伝達を主とする項目であることも分かりました（例：接続詞の用法や語彙項目への明示的指導）。

誤り訂正の効果が低い項目の別の特徴として，母語転移の影響があります。特に，日本語に類似した概念がない項目は，形式的難しさというよりも，その概念自体の理解に時間がかかり，そのために習得が遅延してしまうようです（例：冠詞や前置詞の用法）。そのような項目は，明示的指導では形式の指導に重点を置くのではなく，その概念を理解するのに時間をかけることが重要となります。

明示的指導の効果にさらに影響を与える要因に，その文法項目の内部規則の複雑さというものがあります。1つの文法項目に区分されているものであっても，その下位用法の複雑さの度合いにより習得に困難度の差が生じる場合があります（例：balls や books などの可算名詞の複数形と，two pieces of furniture や three glasses of water などの不可算名詞の複数形とでは習得の難しさが異なる）。

一方で，規則の概念的難しさを学習する必要はなく，形式のみを学習すればよい項目には，アウトプットを増やす有意味反復練習が有効となります（例：中学校で学習する tall—taller—tallest などの比較表現）。さらに，今までに十分に教えられてこなかった文法規則，または忘れてしまっている文法規則（たとえば，自動詞，他動詞，自他両用動詞の区別や用法）には明示的指導が効果的です。

学校での英語の授業時間数は限られ，教師は1人ですが，1クラスの生徒数は 30 人～40 人ほどいます。教師は効率の良い教え方を工夫しなければなりません。そのためには，**JLEs にとって英語の何が難しいのか，そして教師からの明示的な指導はどの言語項目に効果的で，どの項目にさほど役立たない**

---

166 機能範疇とは，語彙的な意味を担う範疇（たとえば，名詞，動詞，形容詞）ではなくて，文法機能を担う語が含まれる範疇のことを指します。したがって，たとえば，John thought that Mary was playing the piano yesterday. という英文の that は，それ以下の節を導く補文標識であり機能範疇の1つです。その他，主語と動詞の一致や時制，決定詞なども機能範疇になりますから，英文中の was と the も機能範疇ということになります。

のか，教師自身が熟知していることが重要となります。[167]

インプット処理指導法

　明示的指導法の1つに含まれますが，VanPattenなどは**「インプット処理指導法（input processing instruction）」**という指導法を提案していますので，ここで簡潔に紹介したいと思います。インプット処理指導法では，第二言語を習得するためにはインプットに含まれたメッセージを理解するだけでは不十分で，言語的な特徴にも学習者の意識や注意が向けられなくてはならないと主張します。つまり，まず目標とする文法構造などが，どのような意味を持つのかを明示的に教えます。次に，その文法構造が含まれている英文等を学習者に読ませたり聞かせたりします。このインプットは学習項目となる文法構造が体系的に並べられたもので，学習者の意識がその構造に自然に向けられるよう工夫されたものとなります。以下に例を示します。[168]

(5)　Do you agree or disagree with these statements?
　　　a. Quiet people are boring.
　　　b. I am bored when someone tells a joke.
　　　c. People who gossip a lot are very irritating.
　　　d. I get irritated with small talk.

　ここでは，「be＋現在分詞（例：boring）」と「be＋過去分詞（例：bored）」の用法の相違についての学習を例にしています。(5)の例のようなインプットを**「構造化されたインプット（structured input）」**と呼びます。VanPatten

---

[167]　具体的にどのような文法項目に有効か有効でない（と筆者は考えている）かは，白畑（2015：183-201）に載せてありますので，ご一読ください。
[168]　白畑・冨田・村野井・若林（2019：141-142）を参照ください。

204

は，インプット処理指導法によって，学習者は文法項目とそれが表す意味との結びつきをより意識するようになると主張しています。

タスク活動

　指導の一形態としてタスク（task）活動があります。タスクとは，言語習得を促進するために行う課題や作業のことを指します。[169]　教室内でタスクをペアやグループになっておこなうことで生じる**他者との相互交流（interaction）が，第二言語習得を促進させると考えられています。**母語獲得や第二言語環境での第二言語習得と，日本の教室での英語学習の相違を考えれば，教室でのインプット量の少なさを補い，思春期以降の学習者の母語の知識や一般認知能力の高さを最大限に活かす方法として，そして自然な文脈でのアウトプットを増加させる学習方法としてタスクがクローズアップされています。また，タスク活動はクラス人数が大勢でも一人一人の活動に支障が出ません。タスクの仕方はさまざまですが，最初に学習者は教師から文法規則を明示的に学習した後で，有意味タスクをする中で，誤りをすればどこがどのように間違っているのか，教師から論理的に説明してもらうやり方も可能でしょう。

　一旦学習した後でも，もしその誤りに関する規則について，学習者側に依然として十分な知識がないのなら，当該規則について再び明示的に指導してもらい，それを論理的・分析的に理解する。そしてその後，再び適切な場面設定での意味のやり取りを伴うタスクをすることで，規則を次第に内在化させ，実際の場面で使えるようにしていく，つまり習得していく方法なども考えられます。アウトプット活動が重要であることを示唆しています。

---

[169] タスクについての参考書には，松村（2012, 2020），松村編（2017），加藤・松村・ウィキン（編著）（2020）などがあります。

内的学習者要因・外的学習者要因

　内的学習者要因とは，学習者の心理的側面にかかわるもので，動機付け，個性，知性，適性，年齢，認知スタイル，学習スタイルなどがあげられます。一方，**外的学習者要因とは学習者を取り巻く学習環境のこと**です。たとえば，どこでどのような形態で学習するのか，ということです。教室で学ぶのか，自然な習得環境で学ぶのか，非母語話者に習うのか，母語話者に習うのか，少人数で学ぶのか，大人数で学ぶのか，オールイングリッシュで学ぶのか，オールジャパニーズで学ぶのか，といった要因です。このような学習者要因が第二言語習得過程になんらかの影響を及ぼすと言われています。

　ただし，**年齢要因を除けば，他の要因が実際の第二言語習得にどの程度深く関与してくるのかということは，実はまだはっきりとは分かっていません**。特に，学習者の内的要因は，学習者の気持ちや心情にかかわる問題ですので，その影響の強さや弱さを具体的な数値で表しにくいところがあります。たとえば，外向的な性格と内向的な性格，どちらの方が外国語学習に向いているのか？これは興味深い問いかけですが，客観的に調査するのは並大抵のことではありません。アンケート調査で，「あなたは自分を外向的な性格だと思いますか，内向的な性格だと思いますか？」という調査をした結果と，当該学習者たちの英語の習熟度との相関関係を調べたぐらいでは，性格がどの程度習熟度に影響を及ぼすのかについて，本当のことは分かりません。

　もう１つ例をあげれば，（言語）適性という要因なども同様に調査が難しいのです。言語学習に向いている性質には，記憶力の良さ，論理的思考能力，予測能力，音声への敏感性などがあげられています。確かに，こういった要因は影響を及ぼすのではないかと思いますが，数値で測定することは難しいのです。英語への動機付け（やる気）なども強い方が絶対良い気がしますが，客観的に測定することが難しいのです。また，同じ学習者であっても，年月が経ち，習熟度も変わっていけば動機付けの強さも変わっていく可能性は大です。

UG(Universal Grammar)

　前述しましたが，UG とは生成文法理論で，核となる文法（core grammar）を習得するために脳内に生得的に備わっていると仮定されている言語獲得能力のことです。核となる文法とは，UG の原理やパラメータにかかわる部分のことを言います。母語獲得において，核文法にかかわる項目は生得的に与えられているため，関連するインプットを周囲から受けるだけでよく，そのため獲得するのも早いと言われています。たとえば，語順，代名詞がどの名詞句を指すことができるか（またはできないか），wh 語は元の位置からどの程度遠くまで移動してもよいか，などは核文法に含まれていると考えられており，肯定証拠を与えられれば当該規則に適した規則に対応することができるのです。

　一方，第二言語習得研究において，これまで盛んに議論されてきたことの1つに，**「UG が第二言語習得，特に成人の第二言語習得においても利用可能かどうか」という問題**があります。この問題に関しては，大きく次の3つの立場があります。[170]

(6)　第二言語習得における UG の利用可能性に関する3つの仮説
　　 a. 根本的相違仮説（Fundamental Difference Hypothesis, FDH）
　　 b. UG の間接利用仮説（Partial access to UG Model）
　　 c. UG の直接利用仮説（Full access to UG Model）

(6a) の根本的相違仮説とは，母語獲得と第二言語習得では，使われている能力がまったく異なり，後者では UG は関与しておらず，他のいろいろな学習と同様に，人間の持つもっと一般的な問題解決能力を使用して行われるとする説です。(6b) の間接利用仮説とは，第二言語習得は学習者の母語の状態に基

---

[170] 第二言語習得の研究者達の主張は，実際にはもっと細分化されています。詳しくは，白畑・冨田・村野井・若林（2019）などを参照ください。

づいて行われ，UG の原理のうち，母語で使用されたものだけが第二言語習得でも利用可能であるとする説です。(6c) の直接利用仮説とは，第二言語習得でも UG は全面的に利用可能であるとする説です。さまざまな研究者がそれぞれに異なる主張をしていて，どれが最も妥当性のある説なのか，今もって明確な決着はついていません。

　筆者は，言語習得専有の能力（UG）は年齢を重ねるうちに徐々に上手く機能しなくなるのではないかと考えています。ただし，ある年齢（たとえば，7 歳とか 12 歳とか）で学習者全員の UG の機能が急激に減退するのではなく，そこには個人差もあり，学習者群全体で見ると 20 歳過ぎぐらいまで，なだらかな傾斜を描いて UG の機能が幼少の頃よりも機能しなくなる人が増えていくのではないかと考えています。ただし，20 歳を過ぎると機能は鈍るでしょうが，まったく機能しなくなってしまうとは思えません。

　ここで注意しなければならないことは次のことです。つまり，第二言語習得においても母語獲得同様に変わらず UG が機能すると仮定したとしても，それは，第二言語も母語と同程度までに当該言語が習得できるということを保証するわけではないということです。まず，UG は核文法の習得についてのみ関わってくるだけで，文法の周辺部や音韻の習得，語彙の（意味的）習得，語用の習得，談話の習得などとは直接関係がないからです。文法の周辺部とは，前述もしましたが，UG とは直接関係ない形で，当該言語に特有のものとして存在する言語形式のことです。英語の例を出せば，たとえば，「the ＋ 比較級，the ＋ 比較級（例：The sooner, the better.）」という文構造や，規則・不規則動詞の過去・過去分詞形（例：look—looked—looked, go—went—gone, take—took—taken）の変化形や，規則・不規則名詞の変化形（例：pen—pens, child—children, ox—oxen）などは英語独特のもので，周辺部の文法ということになります。こういった規則は生後覚える必要があり，そのため，獲得するのが比較的遅くなるとも言われています。また，たとえば「冠婚葬祭における挨拶の仕方」といった面の習得にも UG は関与していません。

　さらに，後でも考察しますが，成人の第二言語習得において，UG が全面的

に機能するにしても，個々の学習者の持つ母語の知識，一般常識，一般認知能力などからの干渉により，UG の機能の仕方が異なる可能性があります。また，教室環境での第二言語習得では，そもそも学習者の受けるインプットの量が少なすぎて（つまり，UG を働かせるための引き金が弱すぎて），UG が十分に機能できない可能性なども考えられます。

母語知識

　母語の知識からの影響については，本書のさまざまな箇所ですでに述べてきましたので，ここでは深く解説しません。第二言語習得において，学習者の母語の知識はプラスに働く場合と，マイナスに働く場合があります。前者を「**正の転移（positive transfer）**」，後者を「**負の転移（negative transfer）**」と呼ぶこともあります。第二言語習得では，いったいどの程度母語の影響があるのか，90% か 50% か？　実際にはそういった具体的な数値で表すことは困難でしょうが，音声から談話構造や文体の習得に至るまで，広い範囲にわたり，さまざまな局面で母語の体系が第二言語習得に影響を及ぼしていることは確かです。したがって，教師として，母語（日本語）の知識（母語について客観的に説明できる言語知識のことです）なしに英語を教えることは避けたいところです。

一般問題解決能力

　一般問題解決能力（general problem-solving ability）とは，日頃，私たちが抽象的・分析的に物事を考えたりする際に使う能力のことです。それは私たちが科学的な発見をする能力や数学の問題を解く能力から，クロスワードパズルを解く能力に至るまで，いろいろな思考や判断を可能にする能力のことです。**一般的に成人は子どもよりも高い一般問題解決能力を持っています。この成人に備わった能力が第二言語習得の際に何らかの影響を与えている可能性が十分にあります**ので，その点について，ここではまず Felix（1987）を基に考えて

みましょう。[171]

　Felix に従って，一般問題解決能力を PS-system（problem solving system）と呼び，言語専有の認知能力を LS-system（language specific system）と呼ぶことにします。そして本書では，言語専有の能力は他の認知能力から直接的には影響を受けない独立した体系を成していると考えます。これを**「モジュール性（module）」**と呼びます。[172]　LS- system は Chomsky の UG とほぼ同義の言語専有の能力と考えて下さい。

　Felix は，LS-system は成人になってからでも変わらずに機能すると主張します。そして，もう 1 つの自律的体系をなす認知能力の PS-system は，年齢や経験を重ねるごとに，その発達段階が上昇していきます。PS-system の発達段階が上がるほど，抽象度の高い思考や分析が可能となり，強いメタ意識を持つことができるようになるわけです。幼児の誕生以降，PS-system が最も高い段階に到達するのは，Felix に基づけば，それはおおよそ思春期の頃ということです。

　思春期以前の年齢の若い第二言語学習者は，母語獲得をする幼児と同様に，言語を習得するために特定された認知能力である LS-system を使って言語を習得していきます。ところが，**思春期以降の学習者は，もう一方の能力である PS-system が LS-system と競合（compete）してしまうと Felix は主張します。**図 2 をご覧ください。

　高度に発達した PS-system が LS-system と競合するのです。成人は第二言語のある項目を学習する時，なぜそのような規則になるのかという理由を聞きたがる傾向にあります。また，成人は学習中の言語規則を合理的に説明されなかったり，自分で説明ができなかったりすると，相応のフラストレーション

---

[171]　白畑（1994）も参照ください。

[172]　もう少し詳しく説明すれば，モジュール性とは，人間の認知のしくみが，すべてを賄う 1 つのしくみによって構成されているのではなく，独立したいくつかの下位区分から出来上がっていると考えるのです。たとえば，言語能力は空間認知のモジュールや数学的処理認知のモジュールとは別のモジュールであると見なします（白畑・冨田・村野井・若林，2019）。

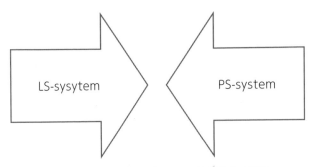

図 2. 競合モデルに基づく 2 つの認知能力の関係

に陥ることさえあります。一般に，子どもが言語を習得する場合，そのような傾向は少なく，かなり無意識に習得をおこなっていると考えられます。このような事実から，おそらく成人は第二言語習得の際に，本来の担当者ではない一般問題解決能力も使おうとしているのではないかと推測できます。

　もちろん，PS-system は思春期以前の子どもにも存在しているのですが，複雑な自然言語の規則を処理するほどには未だ発達していないので，言語を処理するのに使用したくても，その期間には力を発揮できないということです。一方で，思春期になると，学習者が言語習得の目的で言語インプットを処理する際に，本来，自然言語の抽象的な文法規則を処理するために存在しているわけではなく，それ以外の複雑な問題や課題の処理を担当している PS-system が，LS-system の働きと競合してしまうのです。よって，思春期以降の学習者は言語を処理する LS-sysytem の力を依然として保持してはいるものの，もう一方の PS-system の力が大きくなってきて，両者が入り混じってしまうために，LS-system が十分にその力を発揮できなくなり，第二言語習得が不完全になってしまうというのです。これが，Felix の主張する「競合モデル（Competition Model）」の概略です。

　思春期以降となっても LS-system は子どもの時と同様に機能するが，増強する PS-system と競合し，その機能を十分に発揮できなくなるという Felix の競合モデルは，成人になっても LS-system が子ども時代と同様に完全に機能するという前提条件に立った上で，それではなぜある一定の年齢を過ぎてか

ら第二言語を学習し始めると母語話者並みの能力を身につけることが難しいのかという問いに対する1つの回答となっています。

　しかし，一方で成人の第二言語学習者では，最終到達度における個人差が激しいということも判明しています。[173]　母語話者並みの能力を身につけられる学習者から，あまり上達しない学習者まで，習熟度の幅が大きいのです。この事実は，競合モデルでは説明しにくいのではないでしょうか？　つまり，競合モデルに従えば，成人学習者で高い第二言語能力を身につけられるのはPS-systemと競合しない場合であり，それは低いPS-systemを持つ学習者，つまり，低い一般問題解決能力を持つ学習者ということになります。言い換えれば，一般認知能力の低い成人学習者の方がLS-systemが本来の力を発揮しやすく，第二言語習得に成功することになります。一方，高いPS-systemを持つ，いわゆる「頭の良い」学習者は，第二言語能力が高くならないということになります。筆者としては，この論理には少々納得がいきません。

　ここで，競合モデルとは少し違う，筆者の見解を述べてみます。筆者のように，加齢とともにLS-systemが徐々にではありますが，柔軟には機能しなくなるという前提に立つと，2つのsystemが競合し合うのではなく，**PS-systemがLS-systemの能力の弱化を補塡するという考え方**もできると思います。つまり，PS-systemの働きが強力なほど，成人のLS-systemの弱化を補塡することができるということです。この筋書きに従えば，抽象的・分析的思考能力が高い成人の学習者ほど第二言語を深く身につけることができるようになるということです。これを「**補塡モデル（Supplementation Model）**」と呼ぶことにしましょう。図3を参照ください。

　この筆者の仮説に立てば，人間の本来の言語獲得能力は誕生から数年間経過すると，徐々にその機能が低下していくけれども，高い抽象的・分析的思考能力を持つ成人学習者においては，LS-systemの弱化をPS-systemを利用して，ある程度補うことができ，そのおかげでかなり高度な段階にまで第二言語の能

---

[173] Johnson & Newport (1989)，白畑・若林・村野井（2010），Hawkins (2019) などを参照ください。

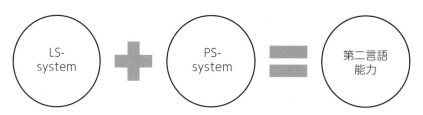

図 3. 補填モデルにおける 2 つの認知能力の関係

力を発達させることができることになります。ところが，そもそも PS-system は言語を獲得するために備わった本来の能力ではないため，いくら強力に PS-system が働こうが，まれな学習者を除けば，成人の第二言語学習者は，完全には母語話者並みの言語能力を身につけることができないのです。一方，成人の PS-system の状態には個人差がありますから，成人であっても抽象的・分析的思考能力の比較的低い学習者は，PS-system を十分に活用することができないため，第二言語の能力も比較的低いままにとどまってしまうのではないでしょうか？

　また，年齢が若く，第二言語環境（たとえばアメリカ）で英語を学習している場合，LS-system を使用してかなり無意識に第二言語を習得できるのですが，年齢が増すにつれて，そのような振る舞いでは第二言語習得ができなくなるわけで，成人となってからは子どもの学習者とは同じように無意識的には言語を習得していくことができず，第二言語環境にいる場合でも PS-system の力を借りた学習方法が有効になってくるということです。このことは外国語環境では言うまでもありません。要するに，意識的，分析的に言語を学習する方法が思春期以降の学習者では重要となるのです。

　ここで，LS-system を UG に置き換えて議論してみます。第二言語習得は母語の最終状態から開始されるという前提に立ち，年齢を重ねるにつれて UG の機能が脆弱になっていくと考えれば，学習開始年齢が高くなればなるほど，母語用に設定されている UG のパラメータ値を第二言語の値に再設定するのに時間がかかってしまうということになるのではないでしょうか？　ましてや，教室での第二言語習得の場合，インプット量が限られているため，パラメータ

値を母語から第二言語へ再設定する引き金となる資料（言語データ）が十分には得られず，そのため，より一層習得に時間がかかってしまうのだと思います。

　さて，どちらのモデルが第二言語習得の本当の姿を説明しているのか，またはどちらも妥当なものではないのかは今後の課題ということになります。読者の皆さんはどのように考えますか？

アウトプット

　アウトプット（output）とは学習者の言語産出のことです。口頭による産出（スピーキング）と文字による産出（ライティング）があります。この段階においても，学習者のアウトプットに対する教師の明示的指導や誤りへのフィードバックがプラスに影響を与え，学習者の第二言語習得を促進するという意見があります。学習者が自らのアウトプットを積極的に見直すことで，その結果が再び指導効果として学習者に取り入れられると考えるのです。

　第二言語習得において，アウトプットの重要性を再確認させたのは，Swain（1985，1995）が「**アウトプット仮説（Output Hypothesis）**」を提唱してからです。Swainは「イマージョン・プログラム（immersion program）」で授業を受ける子どもたちの第二言語能力を調査しました。その結果，このような授業を受けている子どもたちの言語能力，特に文法を正確に使用する点において，母語話者に近いレベルにまで到着していないことが分かりました。この結果を受け，彼女は，言語インプットを十分に与えれば言語習得が促進するというわけではなく，学習者が第二言語を使って話したり書いたりして生み出されるアウトプットの機会を十分に設けることが，第二言語習得には不可欠であると主張するに至りました。Swainのアウトプット仮説の主要点は次のようにまとめることができます。[174]

---

[174] 白畑・冨田・村野井・若林（2019）

(7)　Swain のアウトプット仮説の主要点

a. アウトプットすることによって，「現在の能力で表現できること」と「表現したいが表現できないこと」のギャップに学習者が気づくことができる。

b. アウトプットすることで相手からフィードバックを受けることができる。

c. アウトプットすることで言語の形式的特徴について意識的に考えることができる。

d. アウトプットすることで言語を統語的に処理する能力が伸びる。

この Swain の主張に賛成する研究者と反対する研究者がいます。反対者の主要な意見は次のようです。

(8)　アウトプット仮説に反対の意見

a. 第二言語習得にとって，インプットは必要不可欠であるが，アウトプットの練習やそれに伴う母語話者・学習者同士のインタアクションは不可欠だとは言えない。特に第二言語環境にいる学習者には必要ないであろう。[175]

b. 時にはギャップに気づくとしても，その時に気づくだけで，それがそのまま習得にはつながらないだろう。

c. 名詞や動詞などの内容語の習得には効果的であるかもしれないが，文法形態素の習得にはどれほど有効に働くかは未知数である。

第二言語習得の他の研究領域と同様に，「研究成果」といっても必ずしも一枚岩ではないのです。皆が皆，同じ意見ではないのです。[176]　アウトプットの

---

[175] たとえば，Krashen などはその代表格です。
[176] 研究にとって，これはとても健全なことかもしれません。

効果についても，さまざまに異なる主張がこれまでに繰り広げられています。アウトプット仮説に関する筆者の意見は肯定的です。特に他者とのインタラクションが重要だと思います。まず，教室での口頭練習であるならば，発話の流暢さを増すことができると思います。ライティングであるならば，書くことを苦にしなくなる効果はあると思います。また，学習者自身が自分のアウトプットに意識的であれば，そして，他者に誤りなどの指摘を受けるのを気にしないのであれば，文法習得にもプラスに働くのではないかと思っています。全体的に第二言語習得を促進させる働きはあるのではと考えています。ただし，文法形態素などの自然な発達順序を変えるほどには効果はないと思っています。

最後に〜英語教員を目指す人たちへ

　さて，冒頭の「はじめに」でも述べましたが，本書は，教室で外国語として英語を教えている小・中・高・大学の先生に読んでいただくために執筆したのみならず，現在，教職課程を履修し，近い将来，英語を教えようと希望している大学生や大学院生の皆さんにも一読していただきたく書き下ろしました。本書の締めくくりに，筆者からのメッセージとして，筆者の思う3つの大事なことを述べたいと思います。

　まず1つ目ですが，英語（外国語）を教えるためには，少なくとも以下の3要素が重要だと「はじめに」で書きましたが，念押しでここでも再掲しておきます。

(9)　教師としての3つの要素
　　a. 英語力を身につけること
　　b. 教え方を工夫すること
　　c. ことばに関する知識を身につけること

どの要素も一朝一夕に身に付くものではありませんし，最終ゴールのない目標

かもしれませんが，とにかく，日々意識し努力していくのが最善の方法であると思います。

　2つ目は，**他人の言う教授／第二言語習得理論・主張を鵜呑みにしないで，最終的には自分でよく考え結論を出して欲しい**ということです。もちろん，教えることの裏にある理論を勉強することは大事ですし，理論は決して机上の空論ではありません。しかし，さまざまな立場での考え方がありますから，その中から自分がこれだと信じるものを見つけ出し，そこから自分の性格や教える生徒の特性に合致した教え方を工夫することが大事です。

　本を書いている「偉い人」が唱えている説だからといって，正しいとは限りません。[177]　偉い人の意見を参考にすることは大事ですが，最終的には自分で考えることの方がそれより数倍重要です。本書の内容も同様です。本書に書いてある筆者（白畑）の意見や主張も疑いながら読むとちょうど良いかもしれませんし（笑），反対意見は大いに歓迎します。

　最後の提案は，**仲間を増やすためにも，情報交換のためにも，いろいろな学会に参加してみてはいかがですか**，というものです。外国語（英語）教師が参加すべき学会は各種あります。一番多いのが「○○英語教育学会」と名のつく学会でしょう。しかし，関連する学会はそれだけではありません。「○○（第二）言語習得学会」を筆頭に，言語学系の学会も幾多ありますし，異文化理解学会やコミュニケーション関係の学会，さらには外国で開催される学会などもあります。インターネットなどで検索してみるのも良いでしょう。また，大修館書店の月刊誌『英語教育』にも学会や研究会，各種イベント情報が掲載されていますので役に立ちます。

　私たちは同じ仕事を毎日していると，ついつい自分の殻に閉じこもりがちになり，考え方や視野が狭くなりがちです。この際，狭く閉じこもっていないで，

---

[177] 白畑（編著），若林・須田（著）（2004）の中の，「第7章 簡単に信じない力と研究の面白さ（若林茂則 著）」をぜひ一読していただきたいと思います。若林氏の経験談を基に，「勉強するとはどういうことか」について，説得力をもって論じてくれています。

全国のいろいろな教師や研究者の意見を拝聴し，彼らの考えや意見を聞くことで自分をさらに成長させていきましょう。日ごろの悩みも解決してくれる可能性大です。また，思い切って研究発表に申し込むのも良いかもしれませんね。基本的に，学会は年齢制限や身分制限などはなく，誰でも会員になれますし（大学生だって会員になれます！），会員になれば参加も発表も自由にできます。ぜひ！

《 引用文献・推薦文献 》

　以下には，本書で引用した文献のみならず，これまでに筆者が読んだ書籍の中で，読者の皆さんに参考になるのではと思う書籍を掲載してあります（もちろん，ここにあげていない本で良い本はたくさんあると思います）。おおよその分野別に書籍を並べました。読みやすさ，手に入れやすさ，という側面を重視して，できるだけ最近の文献，日本語で書かれた文献を中心に載せることにしました。ぜひ参考にして，英語教育学，言語学に関する知識をより一層充実させてください。

◆ 英語史に関係する書籍

安藤貞雄（2002）『英語史入門』東京：開拓社

朝尾幸次郎（2019）『英語の歴史から考える英文法の「なぜ」』東京：大修館書店

堀田隆一（2011）『英語史で解きほぐす英語の誤解　納得して英語を学ぶために』東京：中央大学出版部

堀田隆一（2016）『英語の「なぜ？」に答える　はじめての英語史』東京：研究社

Hughes, G. (2000) *A History of English Words*. New York: John Wiley & Sons

家入葉子（2007）『ベーシック 英語史』東京：ひつじ書房

片見彰夫・川端朋広・山本史歩子（編）（2018）『英語教師のための英語史』東京：開拓社

唐澤一友（2016）『世界の英語ができるまで』東京：亜紀書房

岸田隆之・早坂信・奥村直史（2002）『歴史から読み解く英語の謎』東京：教育出版

児馬　修（1996）『ファンダメンタル英語史』東京：ひつじ書房

中尾俊夫（1989）『英語の歴史』東京：講談社

中尾俊夫・寺島廸子（1988）『図説英語史入門』東京：大修館書店

寺澤盾（2008）『英語の歴史：過去から未来への物語』東京：中央公論新社

Trask, R.L. (2010) *Why do Languages Change?* Cambridge: CUP

渡部昇一（1983）『スタンダード英語講座　第 3 巻：英語の歴史』東京：大修館書店

◆ 言語と脳，ことばの進化論に関する書籍

ビッカートン, D.（著），筧壽雄（監訳）（1998）『ことばの進化論』東京：勁草書房（原書：Bickerton, D. (1990) *Language and Species.* University of Chicago Press.）

フィッシャー, S. R.（著），鈴木昌（訳）（2001）『ことばの歴史』東京：研究社

池内正幸（編）（2009）『言語と進化・変化』東京：朝倉出版

池内正幸（2010）『ひとのことばの起源と進化』東京：開拓社

岩田誠（1996）『脳とことば－言語の神経機構』東京：共立出版

Jackendoff, R. (2002) *Foundations of Language: Brain, Meaning, Grammar, Evolution.* Oxford: Oxford University Press.

Lenneberg, E. H. (1967) *The Biological Foundations of Language.* New York: John Wiley & Sons. （佐藤方哉・神尾昭雄訳（1974）『言語の生物学的基礎』東京：大修館書店

酒井邦嘉（2002）『言語の脳科学』東京：中公新書

酒井邦嘉（2009）『脳の言語地図』東京：明治書院

酒井邦嘉（2019）『チョムスキーと言語脳科学』東京：集英社インターナショナル

辰巳格（2012）『ことばのエイジング』東京：大修館書店

植村研一（2017）『高次機能がよくわかる脳のしくみとそのみかた』東京：医学書院

山鳥重（2011）『言葉と脳と心　失語症とは何か』東京：講談社

横山悟（2010）『脳からの言語研究入門』東京：ひつじ書房

◆ 生成文法理論に関する書籍 ────────────────

チョムスキー , N（著），田窪行則・郡司隆男（訳）（1989）『言語と知識－マナグア講義録（言語学編）』東京：産業図書

チョムスキー , N.（著），外池滋生・大石正幸（監訳）（1998）『ミニマリスト・プログラム』東京：翔泳社

チョムスキー , N.／黒田成幸（著），大石正幸（訳）（1999）『言語と思考』東京：松柏社

チョムスキー , N.（著），福井直樹・辻子美保子（訳）（2003）『生成文法の企て』東京：岩波書店

チョムスキー , N.（著），福井直樹・辻子美保子（訳）（2014）『統辞構造論』東京：岩波書店

福井直樹（2001）『自然科学としての言語学－生成文法とは何か』東京：大修館書店

スミス , N. & アロット , N.（著），今井邦彦・外池滋生・中島平三・西山佑司（訳）（2019）『チョムスキーの言語理論－その出発点から最新理論まで』東京：新曜社

◆ 音声学に関する書籍 ────────────────

阿部公彦（2020）『理想のリスニング 「人間的モヤモヤ」を聞きとる英語の世界』東京：東京大学出版会

伊達民和（2019）『教室の音声学読本－英語のイントネーションの理解に向けて－』大阪：大阪教育図書

服部範子（2012）『入門 英語音声学』東京：研究社

今井邦彦（2007）『ファンダメンタル音声学』東京：ひつじ書房

加藤重広・安藤智子（2016）『基礎から学ぶ音声学講義』東京：研究社

川越いつえ（2007）『新装版 英語の音声を科学する』東京：大修館書店

川原繁人（2015）『音とことばのふしぎな世界』東京：岩波書店

牧野武彦（2005）『日本人のための英語音声学レッスン』東京：大修館書店

小川直樹（監）（2010）『小学校教師のための英語発音これだけ！』東京：アルク

靜哲人（2019）『日本語ネイティブが苦手な英語の音とリズムの作り方がいちばんよくわかる発音の教科書』東京：テイエス企画

靜哲人（2020）『日本語ネイティブが苦手な英語の音とリズムの聞き方がいちばんよくわかるリスニングの教科書』東京：テイエス企画

◆ 言語学，英語学に関する書籍

長谷川瑞穂（編著），大井恭子・木全睦子・森田彰・高尾享幸（2014）『はじめての英語学＜改訂版＞』

畠山雄二（編）（2013）『書評から学ぶ理論言語学の最先端（上）』東京：開拓社

畠山雄二（編）（2013）『書評から学ぶ理論言語学の最先端（下）』東京：開拓社

畠山雄二（編）（2014）『ことばの本質に迫る理論言語学』東京：くろしお出版

畠山雄二（編）（2016）『徹底比較 日本語文法と英文法』東京：くろしお出版

畠山雄二（編集）（2017）『最新 理論言語学用語事典』東京：朝倉書店

畠山雄二（編）（2019）『正しく書いて読むための英文法用語事典』東京：朝倉書店

今井隆夫（2019）『実例とイメージで学ぶ 感覚英文法・語法講義』東京：開拓社

研究社辞書編集部（編）（2006）『英語類義語使い分け辞典』東京：研究社

窪薗晴夫（編著）（2019）『よくわかる言語学』京都：ミネルヴァ書房

黒田龍之助（2011）『ことばは変わる―はじめての比較言語学』東京：白水社

牧秀樹（2019）『誰でも言語学』東京：開拓社

松本克己（2016）『ことばをめぐる諸問題 言語学・日本語論への招待』東京：三省堂

中川右也（2009）『「なぜ」がわかる英文法』東京：ベレ出版

中川右也（2010）『教室英文法の謎を探る』東京：開拓社

中島平三（編）（2014）『新装版 言語の事典』東京：朝倉書店

中島平三（2017）『斜めからの学校英文法』東京：開拓社

西原哲雄（編）（2012）『言語学入門』東京：朝倉書店

大津由紀雄（編著）（2009）『はじめて学ぶ言語学』京都：ミネルヴァ書房

佐久間淳一（2013）『フシギなくらい見えてくる！ 本当にわかる言語学』東京：日本実業

出版社

田中春美・田中幸子（2015）『よくわかる社会言語学』京都：ミネルヴァ書房

八木克正（編）（2007）『新英語学概論』東京：英宝社

安井稔（2008）『英語学の見える風景』東京：開拓社

安井稔（2010）『「そうだったのか」の言語学』東京：開拓社

安井稔（2013）『ことばで考える－ことばがなければものもない』東京：開拓社

コムリー, B., マシューズ, S., ポリンスキー, M.（編），片田房（訳）（2005）『[新訂] 世界言語文化図鑑』東京：東洋書林

Lewis, P. (Ed.) (2009) *Ethnologue: Languages of the World*. Reading: Intl Academic Bookstore

瀬田幸人・保阪靖人・外池滋生・中島平三（編著）（2010）『「入門」ことばの世界』東京：大修館書店

梶茂樹・中島由美・林徹（編）（2009）『事典 世界のことば 141』東京：大修館書店

◆ 英語の語法に関する書籍

藤井健三（2006）『アメリカの英語 語法と発音』東京：南雲堂

石戸谷滋・真鍋照雄（2008）『恥ずかしくて聞けない英語の基礎・基本 62』名古屋：黎明書房

小泉賢吉郎（2020）『英語の複数と冠詞』東京：ジャパンタイムズ出版

中川右也・土屋知洋（2011）『「なぜ」がわかる動詞＋前置詞』東京：ベレ出版

森本勉（編）（1994）『オーストラリア英語辞典』東京：大修館書店

森住衛他（編著）（2018）『英語のなぜ？ 101 問』東京：DHC

スワン M., 吉田正治（訳）（2018）『オックスフォード 実例 現代英語用法辞典 第 4 版』東京：研究社／オックスフォード大学出版局

塚本倫久（2012）『プログレッシブ 英語コロケーション辞典』東京：小学館

◆ 日本語学・日本語史に関する書籍

伊坂淳一（2016）『新 ここからはじまる日本語学』東京：ひつじ書房

柿木重宣（2019）『新・ふしぎな言葉の学 日本語学と言語学の接点を求めて』京都：ナカニシヤ出版

小松英雄（2013）『新装版 日本語の歴史 青信号はなぜアオなのか』東京：笠間書院

倉島節尚（2019）『中高生からの日本語の歴史』東京：筑摩書房

村杉恵子・斎藤衛・宮本陽一・瀧田健介（編）（2016）『日本語文法ハンドブック』東京：

開拓社

沖森卓也（2010）『はじめて読む日本語の歴史』東京：ベレ出版

沖森卓也（2017）『日本語全史』東京：筑摩書房

菅井三実（2012）『英語を通して学ぶ日本語のツボ』東京：開拓社

高嶋幸太（2019）『英語教師が知っておきたい日本語のしくみ』東京：大修館書店

角田太作（2009）『＜改訂版＞世界の言語と日本語：言語類型論から見た日本語』東京：くろしお出版

◆ 言語習得に関する書籍

Felix, S. W. (1987) *Cognition and Language Growth*. Dordrecht, Holland: Foris.

Hawkins, R. (2019) *How Second Languages are Learned: An Introduction*. Cambridge: CUP

今井むつみ・針生悦子（2014）『言葉をおぼえるしくみ 母語から外国語まで』東京：筑摩書房

Johnson, J. S. & Newport, E. L. (1989) "Critical period effects in second language learning: the influence of maturational state on the acquisition of English as a second language". *Cognitive Psychology*, 21, 60-99.

小林春美・佐々木正人（編）（2008）『新・子どもたちの言語獲得』東京：大修館書店

Koike, I. (1983) *Acquisition of Grammatical Structures and Relevant Verbal Strategies in a Second Language*. Tokyo: Taishukan.

Krashen, S. D. (1985) *The Input Hypothesis*. London: Longman

Lightbown, P. M. & Spada, N. (2006) *How Languages are Learned, Third edition*. Oxford: Oxfor University Press.

Roeper,T. & de Villiers,J. (1991) "Ordered Decisions in the Acquisition of Wh-questions" in Weissenborn. J, Goodluck. H. & Roeper, T. (Eds) *Theoretical Issues in Language Acquisition*. Hillsdale, N. J.: Erlbaum

Shirahata, T. (1988) "The Learning Order of English Grammatical Morphemes by Japanese High School Students." *JACET Bulletin*, Vol.19, pp. 83-102.

Shirahata, T. (1989a) "Positive and Negative Transfer in Second Language Learning." 『常葉学園大学外国語学部紀要』Vol. 5, pp.61-75.

Shirahata, T. (1989b) "Universality or Transfer? ― The Learning Order of the English Grammatical Morphemes by Japanese High School Students." 『語学教育研究所紀要』 Vol. 3, pp.23-43.

白畑知彦（1994）「年齢と第二言語習得」小池生夫監修，SLA 研究会編『第二言語習得研

究に基づく最新の英語教育』pp. 147-166. 東京：大修館書店

白畑知彦（2004）「言語習得の臨界期について」*Second Language*, Vol. 3, pp.3-24.

白畑知彦（編著）・若林茂則・須田孝司（2004）『英語習得の「常識」「非常識」』東京：大修館書店

白畑知彦・若林茂則・村野井仁（2010）『詳説 第二言語習得研究』東京：研究社

白畑知彦・須田孝司（編）（2017）『名詞句と音声・音韻の習得 ＜第二言語習得研究モノグラフシリーズ１＞』東京：くろしお出版

白畑知彦・須田孝司（編）（2018）『語彙・形態素習得への新展開＜第二言語習得研究モノグラフシリーズ２＞』東京：くろしお出版

白畑知彦・須田孝司（編）（2019）『言語習得研究の応用可能性－理論から指導・脳科学へ－＜第二言語習得研究モノグラフシリーズ３＞』東京：くろしお出版

白畑知彦・須田孝司（編）（2020）『第二言語習得研究の波及効果－コアグラマーから発話まで－＜第二言語習得研究モノグラフシリーズ４＞』東京：くろしお出版

Suda, K., Yokota, H., Kondo, T., Ogawa, M., Yoshida, C. & Shirahata, T. (2019). "The investigation of the feature inheritance hypothesis in second language acquisition." *Language Acquisition and Development – Proceedings of GALA* 2017, Chapter Four. (pp. 65-81). Cambridge Scholars Publishing.

杉崎鉱司（2015）『はじめての言語獲得－普遍文法に基づくアプローチ』東京：岩波書店

鈴木孝明・白畑知彦（2012）『ことばの習得』東京：くろしお出版

Swain, M. (1985) "Communicative competence: some roles of comprehensible input and comprehensible output in its development." In S. Gass & C. Madden (Eds.), *Input in Second Language Acquisition*, 235-253. Rowley, MA: Newbury House.

Swain, M. (1995) "Three functions of output in second language learning." In G. Cook & B. Seidlhofer (Eds.), *Principles and Practice in Applied Linguistics*, 125-144. Oxford: Oxford University Press.

ヴァンパテン, B.・ベナティ. A（著），白畑知彦・鈴木孝明（監訳）（2017）『第二言語習得 キーターム事典』東京：開拓社

遊佐典昭（編）（2018）『言語の獲得・進化・変化』東京：開拓社

若林茂則（編著），白畑知彦・坂内昌徳（著）（2006）『第二言語習得研究入門－生成文法からのアプローチ』東京：新曜社

◆ 英語教育学・国際理解教育に関する書籍

江利川春雄（2012）『協同学習を取り入れた英語授業のすすめ』東京：大修館書店

長谷川恵洋（2014）『英語とはどのような言語か－英語を効率よく学びたい人のために』

京都：文理閣

畠山雄二（編著）（2011）『大学で教える英文法』東京：くろしお出版

畠山雄二（編）（2020）『英語上達 40 レッスン』東京：朝倉書店

廣森友人（2015）『英語学習のメカニズム：第二言語習得研究にもとづく効果的な勉強法』東京：大修館書店

今井隆夫（2010）『イメージで捉える感覚英文法－認知文法を参照した英語学習法』東京：開拓社

磯野達也・坂本浩（2011）『英語のセンスはこう学び！ こう教える！ 英語の〈仕組み〉の探り方』東京：ぱる出版

門田修平・玉井健（2017）『改訂新版 決定版・英語シャドーイング』東京：コスモピア

金谷憲（2008）『英語教育熱：加熱心理を常識で冷ます』東京：研究社

加藤由崇・松村昌紀・Paul Wicking（編著）（2020）『コミュニケーション・タスクのアイデアとマテリアル』東京：三修社

松村昌紀（2012）『タスクを活用した英語授業のデザイン』東京：大修館書店

松村昌紀（2020）「第二言語の発達における行為の役割と学習課題としての『課題』」『英語のしくみと教え方』pp. 189-213. 東京：くろしお出版

松村昌紀（編）（2017）『タスク・ベースの英語指導：TBLT の理解と実践』東京：大修館書店

ミントン T・D（2019）『日本人の英文法 完全治療クリニック』東京：アルク

西原哲雄（編）（2018）『英語教育と言語研究』東京：朝倉書店

大谷泰照（2007）『日本人にとって英語とは何か』東京：大修館書店

酒井志延・朝尾幸次郎・小林めぐみ（2017）『社会人のための英語の世界ハンドブック』東京：大修館書店

佐藤臨太郎・笠原究・古賀功（2015）『日本人学習者に合った効果的英語教授法入門』東京：明治図書

柴田美紀・横田秀樹（2014）『英語教育の素朴な疑問』東京：くろしお出版

柴田美紀・仲潔・藤原康弘（2020）『英語教育のための国際英語論』東京：大修館書店

白畑知彦（2015）『英語指導における効果的な誤り訂正』東京：大修館書店

白畑知彦・冨田祐一・村野井仁・若林茂則（2019）『第 3 版 英語教育用語辞典』東京：大修館書店

白畑知彦・中川右也（編著）（2020）『英語のしくみと教え方』東京：くろしお出版

末延岑生（2010）『ニホン英語は世界で通じる』東京：平凡社

田中春美・田中幸子（編）（2012）『World Englishes－世界の英語への招待』京都：昭和堂

田中武夫・田中知聡（2018）『主体的・対話的で深い学びを実現する！　英語授業の発問づくり』東京：明治図書

若林俊輔（1990）『英語の素朴な疑問に答える 36 章』東京：The Japan Times

八木克正（2011）『英語教育に役立つ英語の基礎知識 Q&A』東京：開拓社

柳瀬陽介・組田幸一郎・奥住桂（編）（2014）『英語教師は楽しい：迷い始めたあなたのための教師の語り』東京：ひつじ書房

米山朝二（2011）『新編 英語教育指導法事典』東京：研究社

◆ 心理学・心理言語学に関する書籍

福田由紀（編著）（2012）『言語心理学入門　言語力を育てる』東京：培風館

長谷川寿一・ラマール，C・伊藤たかね（編）（2008）『こころと言葉－進化と認知科学のアプローチ』東京：東京大学出版会

菊池聡・谷口高士・宮元博章（編著）（2002）『不思議現象 なぜ信じるのか こころの科学入門』京都：北大路書房

村杉恵子（2014）『ことばとこころ―入門 心理言語学』東京：みみずく舎

索引

［著者紹介］

白畑知彦（しらはた　ともひこ）
1957 年 静岡県森町生まれ。専門は応用言語学（言語習得，英語科教育学）。現在，静岡大学教育学部教授，並びに愛知教育大学・静岡大学大学院教育学研究科（博士課程）共同教科開発学専攻教授。主な著書に『英語のしくみと教え方』（共編著，くろしお出版），『第二言語習得研究モノグラフシリーズ 1〜4』（共編著，くろしお出版），『英語教育用語辞典 第 3 版』（共著，大修館書店），『英語指導における効果的な誤り訂正—第二言語習得研究の見地から』（大修館書店）がある。

英語教師がおさえておきたい
ことばの基礎的知識

© Shirahata Tomohiko, 2021 　　　　　　　NDC375／x, 230 p／21 cm

初版第 1 刷——2021 年 11 月 1 日

著　者———白畑知彦
発行者———鈴木一行
発行所———株式会社 大修館書店
　　　　　〒113-8541 東京都文京区湯島 2-1-1
　　　　　電話 03-3868-2651（販売部）　03-3868-2293（編集部）
　　　　　振替 00190-7-40504
　　　　　［出版情報］https://www.taishukan.co.jp

印刷・装幀デザイン——精興社
製本所———ブロケード

ISBN978-4-469-24650-6　Printed in Japan